JE SERVAIS LUCIFER SANS LE SAVOIR

DU MÊME AUTEUR

J'ai frappé à la porte du Temple...
Parcours d'un franc-maçon en crise spirituelle
Téqui, 2014

Serge Abad-Gallardo

Je servais Lucifer sans le savoir

Préface de Maurice Caillet

Pierre TÉQUI *éditeur*
8 rue de Mézières 75006 Paris
www.editionstequi.com

ISBN : 978-2-7403-1959-8

« L'ange orgueilleux au sein de la lumière
S'est écrié : "Je n'obéirai pas !"
Moi, je m'écrie dans la nuit de la terre.
Je veux toujours obéir ici-bas.
Je sens en moi naître une sainte audace,
De tout l'enfer je brave la fureur.
L'obéissance est ma forte cuirasse. »

Sainte Thérèse de l'Enfant-Jésus
et de la Sainte-Face
« Mes armes », 25 mars 1897

« Nous sommes aujourd'hui
face au plus grand combat
que l'humanité n'ait jamais vu.
Je ne pense pas que
la communauté chrétienne
l'ait totalement compris. »

Saint Jean-Paul II, 1976

« La nuit est avancée.
Le jour est arrivé.
Laissons là les œuvres de ténèbres,
et revêtons les armes de lumière. »

Rm 13,12

Préface

Par son témoignage personnel, par sa grande culture maçonnique, Serge Abad-Gallardo démontre que, depuis trois cents ans, la franc-maçonnerie spéculative s'efforce de saper tous les acquis de deux mille ans de christianisme, et plus particulièrement du catholicisme, car c'est une religion structurée, hiérarchisée et unifiée autour du pape : il s'agit d'un véritable « combat spirituel », ignoré à ce jour de beaucoup de catholiques comme de nombreux francs-maçons des trois premiers grades.

Du reste, dès les premières minutes de son pontificat, le pape François a surpris même nombre de ses fidèles en les mettant en garde contre les embûches du diable.

Ayant été maître maçon, Vénérable de loge du Grand Orient de France, Chevalier Rose-Croix (18e) et converti à Lourdes, j'approuve sans réserve toutes les preuves apportées par Serge du dualisme religieux de la maçonnerie, de la vénération des hauts grades pour Lucifer et de l'exécration des dogmes de la foi catholique, qui se traduit ouvertement, dans certaines loges ou obédiences, par l'acclamation : « Liberté, Égalité, Fraternité, à bas la calotte ! »

Francs-maçons, prenez en compte les avertissements de Serge, il en est encore temps. Catholiques, prenez les armes de la prière et d'une vie vertueuse en vous opposant à l'hédonisme insidieux et mortifère de la maçonnerie qui vous propose « l'amour de soi porté jusqu'au mépris de Dieu », comme saint Augustin définit le règne de l'Adversaire.

Maurice CAILLET[1]
Ancien Vénérable du Grand Orient de France

---

1. Auteur, entre autres, de *J'étais franc-maçon*, Salvator, 2009.

Prologue

Charles Baudelaire nous en avertit : « Mes chers frères, n'oubliez jamais, quand vous entendrez vanter le progrès des lumières, que la plus belle des ruses du diable est de vous persuader qu'il n'existe pas[1]. »

La franc-maçonnerie annonce un message de fraternité, de tolérance, d'humanisme. Qui ne partagerait pas une telle aspiration ? Qui ne souhaiterait pas que le monde soit plus fraternel, plus tolérant et plus humain ? L'Église et les chrétiens, notamment, ne peuvent qu'adhérer à un tel idéal. Or, comme je l'ai montré dans mon précédent ouvrage[2], si appartenir à la fois à l'Église catholique et à la franc-maçonnerie est impossible, c'est donc bien que les deux institutions comprennent les mots de façon différente. Alors, au-delà de cette incompatibilité fondamentale, le discours de la franc-maçonnerie dissimule-t-il un objectif autre que celui qu'il annonce ? une finalité dont il faut dépasser les convergences apparentes avec celle de la doctrine sociale de l'Église, car, en réalité, les deux doctrines sont fondamentalement opposées ?

1. *Le spleen de Paris : Petits poèmes en prose*, 1869.

2. *J'ai frappé à la porte du Temple… Parcours d'un franc-maçon en crise spirituelle*, Téqui, 2014.

Et si l'on sait que l'intention de Lucifer est de pervertir la tendance au bien en inclinaison au mal, alors autant poser la question sans détour : la franc-maçonnerie ne serait-elle pas luciférienne ?

Je pense pouvoir témoigner et montrer qu'elle entretient avec la doctrine luciférienne des rapports certes dissimulés, mais très étroits.

Les francs-maçons en sont-ils conscients ? Rien n'est moins sûr, s'agissant de l'immense majorité d'entre eux, qui pensent en toute bonne foi, comme ce fut longtemps mon cas, œuvrer au « bonheur de l'humanité ».

C'est que, comme le disait Georges Bernanos, « si subtil que soit l'ennemi, sa plus ingénieuse malice ne saurait atteindre l'âme que par un détour, ainsi qu'on force une ville en empoisonnant ses sources. Il trompe le jugement, souille l'imagination, émeut la chair et le sang, use avec un art infini de nos propres contradictions [...], fausse les actes et les intentions[1] ».

Il m'a donc semblé indispensable de rédiger ce livre. Car il me faut témoigner.

Soit la franc-maçonnerie utilise sciemment une doctrine luciférienne dans le cadre de sa révolte contre Dieu et contre son Église, soit elle se livre à une sorte de jeu de rôle dont elle n'a pas totalement conscience. Quoi qu'il en soit, le résultat est identique : il s'agit de la mise en œuvre d'une relation avec Lucifer. Et qui n'est absolument pas exempte de graves conséquences.

Nous sommes tous concernés.

---

1. *L'imposture*, Paris, 1927, p. 104-105.

Introduction

Malaise au cours d'une tenue maçonnique

Interrogations sur une vie maçonnique

Le Temple maçonnique était dans la pénombre. Nous avions tous pris place sur les colonnes[1]. C'était à l'ouverture d'une *tenue* au premier degré en *loge bleue.* Une soirée maçonnique *au grade d'apprenti*[2]. Nous étions donc toutes et tous debout, ornés de nos décors.

Les apprentis étaient revêtus de leur tablier blanc, de forme rectangulaire et surmonté d'un triangle, dénommé *bavette,* dont le sommet pointait vers le haut. L'apprenti étant considéré comme le moins habile à *tailler la pierre,* son tablier doit par conséquent le protéger sur une superficie maximale, notamment au niveau du cœur.

Les compagnons portaient un tablier identique, la bavette toutefois rabattue vers le bas, car ils commençaient à bénéficier d'une certaine connaissance maçon-

1. C'est ainsi que sont dénommées les rangées de fauteuils disposées latéralement pour accueillir les francs-maçons.
2. Voir, en annexe, l'organisation symbolique des grades du Rite écossais ancien et accepté.

nique, pouvant donc prendre la parole en loge et même aider les maîtres.

Quant à nous, les maîtres, nous portions les insignes de notre grade : un cordon et un tablier de maître.

Nos cordons étaient bleus à liseré rouge, disposés en diagonale, de l'épaule droite à la hanche gauche. Il s'agit d'une survivance d'une période où les hommes, nobles ou militaires, portaient l'épée, suspendue à un baudrier. En effet, la franc-maçonnerie aime à revendiquer, en particulier dans les hauts grades, une filiation chevaleresque.

Nos tabliers étaient riches et colorés : un rectangle en cuir d'agneau, de couleur blanche, sur les quatre côtés duquel un ruban rouge était cousu. Un triangle, rouge également, pointait vers le bas et figurait une bavette abaissée. À l'intérieur, deux lettres étaient inscrites : « M.°. » et « B.°. », écriture maçonnique du terme hébreu « *Mohabon* », le mot sacré des maîtres, signifiant, selon certains, « fils du père » ou, selon d'autres, « fils de la putréfaction ».

J'avais, en outre, été admis depuis quelques années dans les hauts grades, un univers dans lequel il est particulièrement malvenu de demander à pénétrer : le faire, comme je l'appris une fois admis, entraîne à coup sûr le refus de la demande et l'ajournement de l'intégration à plusieurs années ! Seuls les titulaires des hauts grades peuvent estimer l'« aptitude » d'un maître à y accéder.

L'accès à ce « saint des saints » n'intervient ainsi que par cooptation, après que l'on a été étudié, jugé, soupesé, et finalement apprécié, tant en loge que dans le « monde profane », par les plus initiés, et ce durant des années. Après, donc, que l'on a donné, sans même le savoir, les garanties suffisantes de son engagement et de sa fidélité maçonniques.

J'avais donc été jugé « digne » d'intégrer ce groupe très fermé; je terminais maintenant mon « parcours » du 12e degré dans les hauts grades; de toute évidence, je serais bientôt proposé pour l'accès au 13e, puis au 14e degré. J'avais passé la cinquantaine et je me trouvais en plein milieu de mon itinéraire des hauts grades.

Ainsi poursuivais-je mon initiation maçonnique dans un milieu de plus en plus hermétique, de plus en plus ésotérique, de plus en plus fermé, menant en parallèle une carrière de haut fonctionnaire territorial, personnage administratif plutôt en vue d'une ville moyenne. Membre désormais depuis quelques années de ce monde élitiste des hauts grades, j'étais entré dans le Secret du secret, là où les dénominations de grades sont plus qu'élogieuses.

Après avoir été élevé dans les hauts grades de Maître secret, Maître parfait, Secrétaire intime, Prévôt et Juge, Intendant des bâtiments, Maître élu des neuf, Illustre Élu des quinze, Sublime Chevalier élu, j'étais devenu Grand Maître Architecte. J'allais sous peu accéder au grade de Chevalier de royale arche – 13e degré – et à celui de Grand Élu de la voûte sacrée – 14e degré. Ce dernier grade m'ouvrirait le chemin vers ceux de Chevalier d'Orient, de Prince de Jérusalem, jusqu'au 18e degré : Chevalier Rose-Croix. Ma trajectoire maçonnique allait donc me permettre d'être élevé aux plus hauts niveaux d'initiation, notamment celui du 30e et dernier degré de la maçonnerie noire : Chevalier Kadosh.

Pourtant, depuis maintenant une année, je revivais véritablement une foi catholique[1] et je ne m'en cachais pas. Mes *sœurs* et *frères* m'observaient, les uns avec la tendresse que l'on porte à un ami étourdi, d'autres avec le scepticisme que l'on accorde à un phénomène incompréhensible, les derniers, enfin, avec la suspicion que l'on doit à celui qui va bientôt trahir.

Ce soir-là, tout en suivant distraitement les phases du rituel, j'étais ailleurs. Je sentais que l'heure de prendre un autre chemin arrivait.

1. Voir *J'ai frappé à la porte du Temple, op. cit.*

En effet, qu'était la franc-maçonnerie au regard de la miséricorde du Seigneur et de la tendresse de Marie, qui m'avait donné un signe si puissant à Lourdes, devant la grotte même de Massabielle ? Elle avait ouvert mes yeux et, surtout, mon cœur. Désormais, je réalisais toutes les erreurs de mon parcours et tout le reste relevait de l'idolâtrie : je voulais maintenant remettre ma vie entre les mains de la bienheureuse Marie.

La voix du Vénérable Maître résonna subitement à mes oreilles comme un éclair déchirant la nébulosité de mes pensées :

« Mes S.S.°. et mes F.F.°. [1], nous allons procéder à l'illumination du Temple. S.°. Gr.°. Exp.°.[2], remplissez votre office. »

La *sœur* Grand Expert vint présenter une flamme au Vénérable Maître, qui alluma trois autres bougies sur sa chaire en déclamant solennellement :

« Que la lumière de la sagesse illumine nos travaux. »

Le Grand Expert contourna le pavé mosaïque, en marquant abruptement chacun de ses angles d'un quart de tour quasi militaire, et se rendit devant le Premier Surveillant qui déclara avec véhémence :

« Que la lumière de la force soutienne nos travaux ! »

Puis le Second Surveillant, que le Grand Expert avait rejoint après une nouvelle circumambulation, s'exprima sur un ton prophétique :

1. En écriture maçonnique, « mes sœurs et mes frères » (le singulier étant S.°. et F.°.).

2. « Grand Expert ». Cet officier, armé d'une épée, veille à la sécurité des travaux, conduit les candidats pendant les épreuves d'initiation, d'augmentation au grade de compagnon, ou d'élévation à la maîtrise, et donne, une fois qu'ils ont été initiés ou promu, l'instruction rituelle, ainsi que les mots et signes secrets de leur nouveau grade. Il prépare également les scrutins et en vérifie, avec l'Orateur, la sincérité du dépouillement (source : Règlement généraux, Droit humain, p. 32).

« Que la lumière de la beauté rayonne en nos travaux ! »

La *sœur* Grand Expert revint à sa place, à proximité immédiate des apprentis. Puis elle étint sa bougie.

Le Vénérable conclut, avec la plus grande solennité :

« La lumière demeure toujours parmi nous. Prenez place, mes S.S.°. et mes F.F.°. ! »

Ce n'est qu'à cet instant que nous pûmes enfin nous asseoir, afin qu'il soit procédé à la suite du rituel et à l'ouverture complète et effective des travaux.

Les officiers, Vénérable Maître, Premier et Second Surveillants, notamment, procédèrent au déroulement habituel du rituel. Je le connaissais par cœur, pour y avoir participé tant de fois et l'avoir mis en œuvre moi-même à plusieurs postes d'officier, dont celui de Vénérable Maître. Plus de vingt ans s'étaient écoulés depuis mon initiation !

Être ou ne pas être… franc-maçon ?

Un mot me vint brutalement à l'esprit : « Mascarade ! »

Plongé à nouveau dans mes pensées, je fus presque surpris par la dernière phrase rituelle du Vénérable Maître, qui conclut en ouvrant effectivement les travaux :

« Mes S.S.°. et mes F.F.°., nous ne sommes plus dans le monde profane, nous avons laissé nos métaux à la porte du Temple, élevons nos cœurs en fraternité et que nos regards se tournent vers la lumière. Prenez place, mes S.S.°. et mes F.F.°. ! »

Et les travaux débutèrent alors par le compte rendu de la dernière tenue au premier degré, les votes, puis la mise en œuvre de l'ordre du jour.

Mes décors m'étaient devenus ce qu'ils étaient au sens littéral : un habillage et rien d'autre ! Rien qui ne recèle la moindre spiritualité ! De même pour ce rituel, ce climat, ces symboles qui jusque-là m'avaient habité, porté : tout cela sonnait de plus en plus faux.

J'avais maintenant conscience de cette réalité qui se cachait derrière le masque des bonnes intentions affichées par la franc-maçonnerie. J'avais compris ce qui se tramait derrière tout cela. Mais il m'avait fallu ensuite le temps de la clairvoyance. Notre sainte Mère m'avait irrésistiblement conduit devant son Fils bien-aimé : « C'est pour un discernement que je suis venu en ce monde : pour que ceux qui ne voient pas voient » (Jn 9,39).

Il y avait eu ensuite cet espoir de pouvoir faire connaître l'amour du Seigneur à mes *sœurs* et à mes *frères* : j'avais voulu demeurer au sein de la loge pour parler de mon chemin de libération. Mais force fut de constater mon échec : mes *frères* et *sœurs* étaient comme « pris », enfermés. Eux qui parlaient de « liberté », ils étaient esclaves car bel et bien « façonnés » par le rituel et l'enseignement maçonniques. Eux qui parlaient d'« égalité », ils gardaient jalousement leurs secrets et constituaient un monde à part, qui excluait les pauvres « profanes ». Eux qui se gargarisaient en loge de références à la « fraternité », ils n'étaient *frères* et *sœurs* qu'entre eux, exclusivement. Or je venais de découvrir que nous étions tous frères et sœurs en Christ, sans exception. J'apprenais enfin que l'amour en vérité n'est pas restrictif.

Je voyais bien que le dialogue était complexe. Que, depuis près d'un an et demi, je n'étais plus réellement assidu en loge bleue et au sein des hauts grades. Que je priais de plus en plus souvent, à genoux devant Notre-Seigneur ou devant Marie. Déjà montait en moi une impatience. Cela devenait même physique : oui, il me fallait partir !

Ce soir-là, je compris soudain qu'il s'agirait de ma dernière tenue, que je participerais pour la dernière fois aux *agapes*[1] : mon dernier repas parmi les initiés ! J'étais

1. Repas pris exclusivement entre francs-maçons après une tenue. Ces repas ont un caractère obligatoire et des absences répétées sont assez mal perçues par la « hiérarchie » maçonnique.

devenu un homme de foi, je ne supportais plus d'être un homme de secret. De retour chez moi, tard dans la nuit, je décidai donc de formaliser ma démission. Sans plus attendre.

Bien sûr, il me fut impossible de ne pas me remémorer ma cérémonie d'initiation. À peine m'avait-on ôté le bandeau, après m'avoir fait subir aveuglément toutes les épreuves qui feraient de moi un initié, que je fus ébloui par un groupe de francs-maçons armés d'épées, dont les pointes visaient mon cœur. On venait, peu avant, de me faire prêter le serment de garder le secret maçonnique. La voix du Vénérable Maître avait résonné solennellement à mes oreilles, en même temps que mes yeux, sous mes paupières plissées, avaient découvert l'hostilité des armes :

« Néophyte, les glaives que vous voyez ici ne menacent que les traîtres et les parjures, et vous annoncent par contre que tous les francs-maçons se porteront à votre secours en cas de besoin. Que ces glaives soient donc à la fois le symbole de la sauvegarde, de l'amour et du châtiment[1] ! »

Je savais que je serais considéré comme un traître.

Et ce fut, comme j'en fis l'amère expérience par la suite, ma vie quotidienne qui en fut le plus affectée.

Par exemple, ceux qui avaient été durant une bonne dizaine d'années mes *sœurs* et mes *frères* – des amis proches, même, pour certains que je croyais sincères – se mirent à m'éviter à chaque fois que nous nous croisions dans la rue. Les portes se fermèrent, je ne reçus plus d'invitations à prendre l'apéritif ou à dîner. Ainsi perdis-je tous mes « amis », précisément parce qu'ils avaient été mes *sœurs* et *frères* !

1. *Rituel d'initiation au premier degré symbolique*, Ordre maçonnique mixte et international « le Droit humain », éd. 1987, p. 43, 45.

Dans mon univers professionnel évoluaient de très nombreux frères, dont certains particulièrement haut placés. Ce ne fut pas simple, là non plus !

Sans parler des insultes publiques et des menaces indirectes que je reçus à la parution de mon premier livre, m'étant rendu, aux yeux des francs-maçons, coupable d'« intolérance » ou, pire, d'« anti-maçonnisme » primaire ! Pour simplement avoir écrit et dit la vérité !

Une démission de la franc-maçonnerie… Et ensuite ?

Avant d'accepter d'être initié, j'avais demandé, avec un peu d'inquiétude, s'il était aisé de quitter la franc-maçonnerie. Il me fut répondu, avec une bienveillance explicite, par une référence à l'article 12 des règlements généraux qui traitent de cette question : « Toute démission doit être présentée au président de l'At.°.[1]. […] la démission est acceptée et prend effet à la date de la lecture de la lettre de démission en tenue solennelle. […] La démission des At.At.°. bleus entraîne celle des At.At.°. de hauts Gr.°.[2]. »

En apparence, la démission de la franc-maçonnerie ne présente donc aucune difficulté.

C'est d'ailleurs ce qui permet aux francs-maçons de contester que la franc-maçonnerie est un groupe sectaire. En effet, nombre de frères arguent que, contrairement à ce qui se passe pour une secte, entrer en franc-maçonnerie est particulièrement difficile, alors qu'en sortir n'est, selon les statuts, qu'une formalité.

Ce soir-là, à peine rentré chez moi, je mis donc en forme ma décision. Je débutai ma lettre par une formule

1. « Atelier ».
2. « Hauts grades ».

rituelle : « V.°. M.°.[1] et vous tous mes S.S.°. et mes F.F.°. en vos grades et qualités… »

Plus loin, je poursuivis : « Je tenais […] aujourd'hui à relever un problème de fond […] entre la nécessaire distance que j'ai récemment tenu à prendre pour réfléchir à mon engagement maçonnique. […] je ne faisais aucunement fausse route en y procédant. […] je suis sur le bon chemin en m'éloignant […]. C'est pourquoi je présente ma démission de l'atelier et de l'Ordre maçonnique mixte et international "le Droit Humain". »

C'était le 9 octobre 2013, très tard… L'automne était déjà un peu frileux sur l'Aude dans ces ténèbres de milieu de nuit.

Le 15 novembre, je reçus de mon Vénérable Maître une réponse tellement froide et laconique qu'elle me confirma dans ma décision : « Cher Serge, l'atelier a pris acte de ta démission après lecture de ton courrier en tenue solennelle du 14 novembre dernier. »

Une signature suivait une formule de politesse, qui venait très brièvement mettre un terme à vingt-quatre années de loyal engagement maçonnique. Le règlement prévoit que, dans le cas de la présentation d'une démission, un ou plusieurs maîtres rencontrent le franc-maçon qui souhaite partir. Afin, est-il écrit, de s'assurer de sa décision. En réalité, je peux témoigner qu'il s'agit surtout de tenter de l'en dissuader. Surtout s'agissant d'un maçon ancien, en particulier membre des hauts grades. J'ai eu droit à cet égard. Mais les deux *sœurs* des hauts grades que je rencontrai, au demeurant réellement bienveillantes et sincèrement désolées par ma décision, comprirent que j'étais « perdu » pour l'institution : j'avais la foi !

C'est bien grâce à cette foi que je pus mettre fin à mon ascension au sein de la franc-maçonnerie. Comme la plupart des francs-maçons, qui sont souvent des personnes

1. « Vénérable Maître ».

sincères, je n'avais pas mesuré les conséquences de ce parcours initiatique, « absorbé » que j'étais par la philosophie du groupe auquel j'avais prêté serment.

Lorsque j'étais entré en franc-maçonnerie, en février 1989, je m'étais laissé aveugler par les ruses du Malin et lui avais offert sans même m'en apercevoir les clefs de mon âme : « Les pratiques visant à développer des connaissances ou pouvoirs occultes sont toujours des pactes implicites, des contrats avec le démon[1]. » En effet, la franc-maçonnerie est un instrument du Mauvais et, de fait, entraîne la signature souvent inconsciente d'un pacte avec lui. Je dis cela sans vouloir stigmatiser les nombreux francs-maçons, car eux aussi sont des victimes involontaires : « Aujourd'hui, il [le démon] emploie la franc-maçonnerie pour prendre dans ses filets le plus grand nombre d'âmes possibles sous prétexte de les soustraire à l'autorité de Dieu. Cette guerre acharnée contre l'Église, qui s'est faite au XVIIIe siècle sous le nom de philosophisme et qui se fait de nos jours sous le nom barbare de laïcisme, ne s'explique que par l'influence de l'esprit de malice[2]. »

Comme nous allons le découvrir au fil de cet ouvrage, l'action de Lucifer par le moyen de la franc-maçonnerie est d'autant plus pernicieuse qu'elle n'est pas explicite. Les candidats à l'aventure maçonnique ne se doutent pas de son effectivité, déjà très imprégnés par la déchristianisation ambiante. Comme la plupart d'entre eux, j'avais cherché la « lumière », sans savoir qu'elle était à mes côtés, dans l'amour du Christ. Trois cents ans de « décatholicisation » de la France – conséquence directe de l'œuvre maçonnique – m'avaient éloigné de l'Église, tout

1. Père JEAN-BAPTISTE, « Tactiques du Diable et divine guérison chez saint Thomas d'Aquin », Mémoire de DEA, ISTA, septembre 2014. Ce mémoire sera augmenté d'une thèse de doctorat qui sera publiée en 2017.

2. Louis BREMOND, *Pour triompher des embûches du démon*, Saint-Jean - Librairie chrétienne, 2007, p. 32.

comme nombre de mes frères et sœurs en loge. Et dans ce vide spirituel qui était devenu le mien, j'avais sincèrement cru que la franc-maçonnerie œuvrait pour le « bonheur de l'humanité ». Qui ne souhaiterait en être acteur? Les mots maçonniques furent alors des ruses masquant d'autres objectifs moins louables, d'affairisme, d'intrigues politiques et de pouvoir, de participation à des réseaux, et surtout d'accès à la puissance par l'initiation à la connaissance. Je compris en fin de compte que le « bonheur », au sens où la franc-maçonnerie l'entend, n'est pas le « salut » que Jésus nous a enseigné et dont il nous avait révélé le chemin. C'était un autre genre de « bonheur ». Un « bonheur » confondu avec la mise en œuvre, immédiate et sans limites, de la jouissance personnelle : la franc-maçonnerie confond liberté véritable et individualisme.

I
À l'ombre des symboles

Le sens et la portée des symboles francs-maçons

Le symbole est ce qu'il y a de moins anodin en franc-maçonnerie. C'est lui qui ouvre la porte à l'ésotérisme, comme nous allons le voir. Il entraîne l'initié vers un nouveau système de pensée et de valeur.

Dès le premier jour de son initiation, le postulant est projeté dans ce nouvel univers et, à chaque grade, il découvre de nouveaux symboles. Les symboles francs-maçons sont soit matériels – maillet, ciseau, règle, équerre, compas, fil à plomb, levier, tabliers aussi, gants et cordons maçonniques, etc. – ou immatériels – rituels, déplacements en loge, positionnement des francs-maçons selon leur grade, celui des officiers, règles de prise de parole, prérogatives *rituéliques* des officiers, mots et textes prononcés, ainsi que gestuelle, lors des cérémonies d'initiation ou d'augmentation aux divers grades. Les symboles peuvent également être les représentations d'une cosmogonie, tels les signes du Zodiaque, la lune, le soleil, ou d'une métaphysique, tels, au sein des loges bleues, le Delta radieux, l'Étoile flamboyante et, dans les hauts grades, le Synthème (cercle noir sur fond bleu, contenant un triangle équilatéral blanc dans lequel est inscrite une étoile couleur or à cinq branches, au 4e degré de Maître secret), Jupiter, symbolisée par une étoile jaune positionnée derrière le Sublime Grand Maître[1] (au 12e degré de Grand Maître Architecte).

Il faut savoir que la nature du symbole maçonnique n'a absolument aucun rapport avec celle du symbolisme chrétien. Ce dernier n'a pour objet que de représenter une vérité révélée. Le symbole maçonnique, au contraire, est destiné à rendre consciente une connaissance que l'initié détient à son insu : « Les symboles maçonniques interviennent donc pour nous rendre manifestes les vérités qui sont en nous. Ils nous présentent l'image fidèle de ce que contient notre esprit[2]. »

De là, les symboles maçonniques peuvent être lus à plusieurs niveaux : un niveau exotérique, c'est-à-dire évident et observable, et un niveau ésotérique, accessible seulement dans le secret initiatique. Le premier niveau fait donc appel au sens commun de l'imaginaire « profane ». En revanche, le second se rapproche de ce qui est caché, secret, et seul l'initié peut y accéder.

Par exemple, le tablier que portent les francs-maçons est l'un des symboles les plus caractéristiques de l'institution initiatique. La signification usuelle et profane de ce type d'accessoire vestimentaire est de protéger celui qui le porte. C'est aussi le sens objectif que lui donne la franc-maçonnerie. Mais il y a aussi un sens caché qui lui est attribué en loge, un sens plus ésotérique : l'apprenti porte un tablier dont la bavette triangulaire est relevée. Au sens profane, comme nous l'avons vu plus haut, celle-ci protège son plexus solaire. Or, pour ce qui est de la symbolique secrète, un auteur particulièrement initié et érudit nous indique que cette partie du corps « correspond au *chakra ombilical* dont dépendent nettement les "sentiments" et les

1. C'est le titre que porte le président de l'atelier au 12e degré, équivalent à celui de Vénérable Maître en loge bleue.

2. Oswald WIRTH, *La franc-maçonnerie rendue intelligible à ses adeptes*, t. I : *L'apprenti*, Dervy, 2003, p. 144.

"émotions" contre lesquels l'apprenti, surtout, doit se protéger, afin d'atteindre la sérénité d'esprit qui fera de lui un initié réel[1]». C'est pour cette raison que le compagnon, puis le maître portent la bavette de leur tablier repliée vers le bas : ils bénéficient d'un enseignement initiatique qui leur permet de ne plus craindre que leurs émotions ou leurs sentiments dominent leur quête.

Depuis sa cérémonie d'initiation où il lui est enseigné qu'« ici[2] tout est symbole » et « Cherche et tu trouveras[3] », le franc-maçon a bien compris que rien n'existe en loge hors du symbolisme. La « vérité » elle-même est portée secrètement[4] *par le symbole, en même temps que ce symbole permet l'accès à cette « vérité » maçonnique.*

L'importance du symbole dans cette société secrète est si forte que, sans lui, la franc-maçonnerie serait vide de toute substance : « Il faut simplement prendre conscience, et admettre comme une donnée fondamentale, que cet univers symbolique est consubstantiel à la franc-maçonnerie et plus encore que, sans lui, elle perdrait toute sa spécificité si ce n'est tout son sens et le principe même de son existence. Plus précisément, dépourvue de ses symboles et du dynamisme qu'elle en tire, la franc-maçonnerie ne serait plus[5]. »

Durant ma vie maçonnique, depuis le grade d'apprenti jusqu'à celui de Grand Maître Architecte, et en passant entre autres par les offices de Grand Expert, Maître des cérémonies, Second Surveillant, ou Vénérable Maître, j'ai observé que l'effectivité du symbole est toujours affirmée

1. Jules BOUCHER, *La symbolique maçonnique*, Dervy, 1988,p. 293.
2. C'est-à-dire en franc-maçonnerie, et principalement, à l'intérieur de la loge.
3. *Rituel d'initiation*, Droit humain, p. 29.
4. Au sens maçonnique du terme, c'est-à-dire par le dialogue secret entre le franc-maçon et le symbole.
5. Rogez DACHEZ et Alain BAUER, *La franc-maçonnerie*, Presses universitaires de France, 2013, p. 61.

radicalement : le symbole agit véritablement, en secret, sur l'esprit humain. C'est ce que nous verrons dans cet ouvrage avec une symbolique organisée en rituels qui ouvrent la porte à de véritables actes de magie et font même clairement référence à Lucifer. Comme j'en témoigne – et ce sera l'objet de cette première partie –, ces symboles sont destinés à constituer, au fur et à mesure de leur appropriation par l'initié, une échelle de valeurs, une vision du monde, un référentiel de pensée propres à la doxa maçonnique et communs aux francs-maçons. C'est ce qu'expriment, d'ailleurs, ces auteurs : « La franc-maçonnerie est “un système de morale exprimé sous le voile des allégories et illustré par des symboles”[1]. »

Le Pavé mosaïque, qui est un symbole parmi les plus déterminants en franç-maçonnerie, conduit par exemple à considérer que les diverses croyances se valent, que Dieu est à la fois un concentré de bien et de mal, et que l'homme se dicte ses propres lois.

Symbolique du Pavé mosaïque et relativisme

Qu'est-ce que le Pavé mosaïque ?

Il s'agit de l'un des symboles les plus puissants de la doxa maçonnique. Il constitue l'un des fondements de l'initiation maçonnique, sinon sa référence essentielle. Et cela à tous les grades. J'avais été frappé dès le soir de mon initiation par ce damier rectangulaire de dalles blanches et noires au centre du Temple, autour duquel étaient placés les trois « piliers » de la loge.

Certains francs-maçons m'ont objecté, durant certaines de mes conférences, qu'il ne s'agissait « que (*sic*) » d'un symbole. Je reprendrai ici la réponse que je leur ai apportée : « Justement ! Le Pavé mosaïque est un symbole maçonnique. Et surtout cela ! »

---

1. *Ibid.*

Et, précisément, un symbole maçonnique n'est jamais anodin. Tout d'abord, ce symbole a un rapport avec l'inaccessible « vérité » maçonnique.

J'appris donc que les carreaux blancs et noirs sont d'égale valeur et proposent une lecture duale de l'Univers et des forces qui le composent : « Tout se compense avec une rigoureuse exactitude [...]. Nous n'apprécions le plaisir qu'en le comparant à la douleur [...]. La joie se proportionne à la peine [...]. L'erreur manifeste la vérité. Le bien nous attire dans l'exacte mesure où le mal nous repousse. Le beau nous plaît en proportion de l'horreur que nous inspire le laid. La lumière ne se conçoit que par opposition aux ténèbres[1]. »

Pour la franc-maçonnerie, ces forces binaires sont non seulement équipotentielles, mais elles s'affrontent éternellement entre elles. Mon expérience en franc-maçonnerie m'amena alors à faussement conclure que c'était de ce combat que naissait le processus vital : « La vie résulte d'un perpétuel conflit. C'est l'opposition qui engendre toute chose[2]. »

D'ailleurs, la franc-maçonnerie admet, par principe, que l'homme ne peut pas accéder à une vérité qui puisse être absolue : « Il est permis, en effet, de se dire que, *a priori*, [...] la vérité absolue nous échappe[3]. » Elle nie même que la vérité puisse être absolue[4]. C'est ainsi ce qu'exprimait un compagnon dans l'une de ses *planches*[5] :

1. Oswald WIRTH, *La franc-maçonnerie rendue intelligible à ses adeptes*, t. II : *Le compagnon*, Dervy, 1977, p. 197-198.
2. *Ibid.*, p. 198.
3. Oswald WIRTH, *La franc-maçonnerie rendue intelligible à ses adeptes*, t. III : *Le maître*, Dervy, 1994, p. 144.
4. Voir, en ce sens, l'article 5 de la Constitution internationale du Droit humain : « L'ordre maçonnique international "le Droit humain" ne professe aucun dogme. Il travaille à la recherche de la vérité. »
5. Analyse maçonnique, généralement rédigée, puis exposée et discutée en loge. Il peut s'agir d'un thème symbolique (le Delta radieux, le triangle, les trois points, le Pavé mosaïque, l'épée flamboyante, la

« Je ne crois, pour ma part, en aucune vérité absolue. La relativité m'apparaissant comme l'essence même de la vie[1]. »

La cérémonie d'accès au 12e degré des hauts grades affirme le chemin relativiste du franc-maçon. Lorsque le Maître secret « gravit les échelons » du 4e au 11e degré afin de se voir conférer le grade de Grand Maître Architecte, le rituel lui indique : « Vous devez maintenant comprendre qu'Hiram[2] symbolise l'esprit humain tendant sans cesse à la vérité[3]. »

C'est ce qui est rappelé avec insistance en « loge de perfection » des hauts grades : il n'existe pas de vérité absolue accessible à l'homme, sa quête réside dans le silence et le secret. Le Maître secret se trouve dans un lieu de méditation, de silence, près du tombeau du maître Hiram, il est devant une porte qu'il lui faudra ouvrir, c'est-à-dire qu'il

---

règle et le levier, le maillet et le ciseau, etc.), ou de société (le droit du travail, l'euthanasie, la justice, le progrès social, etc.). Le thème des planches doit, avant d'être présenté en loge, avoir reçu l'approbation du Vénérable Maître. La parole en loge n'est donc pas aussi libre que la franc-maçonnerie veut le faire croire.

1. Planche maçonnique d'un compagnon, Droit humain de Pologne, 2010 (www.wolnomularze.org/index.php/rencontre-fraternelle/35).

2. Hiram est, selon la franc-maçonnerie, un maître architecte à qui le roi Salomon avait demandé de construire un temple. La similitude biblique s'arrête là, car le personnage de la mythologie maçonnique connaîtra un sort totalement différent de celui qui est décrit par les Écritures. De même, et surtout, en est-il du temple. Dans la légende maçonnique, Hiram est prématurément assassiné par trois mauvais compagnons qui tentèrent sans succès de lui extorquer le secret des maîtres, et le temple est dès lors demeuré inachevé. Il appartient à la franc-maçonnerie de l'achever. Hiram est le modèle, l'archétype, des maîtres francs-maçons. Il est également, d'un point de vue plus ésotérique, la personne collective formée par l'ensemble des maîtres à chaque cérémonie de la Chaîne d'union. Lors de la cérémonie d'élévation à la maîtrise, Hiram se réincarne dans le nouveau maître après que ce dernier a été symboliquement assassiné et relevé de la mort.

3. *Rituel d'élévation au 12e degré des hauts grades, grade de Grand Maître Architecte*, Le Droit humain, p. 15.

faut avoir compris et assimilé l'ésotérisme de ce grade afin de pouvoir comprendre et apprécier celui des degrés plus élevés.

Les notions de Dieu et d'éternité sont relatives

De là, la notion de Dieu elle-même est relativisée. Lors de la cérémonie de passage du 11e au 12e degré, j'avais entendu le Sublime Grand Maître déclarer :

« Le Dieu des chrétiens est-il le même que celui dont parlent les mythologies anciennes ?

– Dieu, étant l'Inconnaissable, est toujours nécessairement le même sous des noms différents[1] », avait répondu le Premier Excellent Gardien[2].

Pour le catholique que j'étais redevenu, il ne pouvait exister rien de commun entre les dieux égyptiens, grecs ou romains et le Dieu de la Bible. Ensuite, et surtout, il n'y avait pour moi qu'un seul Dieu, révélé en Jésus-Christ, et il ne saurait être ceux de la mythologie antique !

De plus, paradoxalement, la vérité maçonnique admet *à la fois l'éternité et la non-éternité de l'âme.* L'article 3 de la Constitution du Droit humain, que l'Orateur avait lu au cours de la cérémonie de mon initiation, dit explicitement : « *Respectueux de toutes les croyances relatives à l'éternité ou à la non-éternité de la vie spirituelle,* ses membres cherchent avant tout à réaliser sur la terre et pour tous les humains le maximum de développement moral et intellectuel, condition première du bonheur[3]. »

On voit comment, progressivement et constamment influencé par une doctrine radicalement relativiste – dans une obédience se disant pourtant déiste –, j'ai fini par adhérer à mon tour à ce relativisme.

1. *Ibid.*, p. 18.
2. C'est l'équivalent du Premier Surveillant en loge bleue.
3. Constitution internationale (2007), Le Droit humain, p. 5.

Le profane ne peut imaginer à quel point le relativisme s'avère un enfermement lorsqu'il s'érige en doctrine. Alors qu'il prétend « libérer » la pensée, il la rend au contraire rigide, car, en fin de compte, relativiser la vérité revient à ne plus croire en rien, même pas en l'évidence qui s'offre à nos yeux et à notre cœur, tel l'amour de Dieu mort sur la croix.

Le paradoxe insurmontable d'une vérité relative

Cependant, le parcours de l'initié tend à l'unicité. Mais cette unicité est hors de portée, ainsi que le démontre la déclaration de l'Orateur lors de la cérémonie d'accès au 30e degré : « L'ultime initiation vous a placés sur le plan de la dualité symbolisée partout en cet *aréopage*[1]. Hélas, chevaliers, tout s'arrête là en ce monde. C'est sur ce plan, de toute nécessité, que vous devez agir. Vous ne pouvez acquérir que la notion d'un plan supérieur qui est celui de l'absolu, où la dualité se résout en unité [...]. Votre action ne pourra que s'inspirer de la notion d'unité[2]. »

Par exemple, au niveau du Pavé mosaïque, on peut percevoir la notion d'un plan supérieur, celle du « ternaire maçonnique ». Pendant mes années passées à l'intérieur des loges bleues, et en particulier au grade d'apprenti, les maîtres anciens m'ont souvent enseigné qu'une ligne rouge « plus fine que le fil du rasoir[3] » se trouve entre les dalles blanches et noires. En réalité, il s'agit d'une sorte de « synthèse » des deux polarités de la dualité, inaccessible à l'homme selon la franc-maçonnerie, tout comme la vérité. Je compris le sens de cette image symbolique invisible lorsque j'accédai au grade de compagnon, et surtout à celui de maître, et que j'eus

---

1. Du 19e au 30e degré des hauts grades du REAA.
2. Planche maçonnique « Rituel REAA : Initiation au 30e degré », 31 octobre 2012 (hautsgrades.over-blog.com/article-reaa-initiation-au-30eme-degre-111930135.html).
3. Jules Boucher, *op. cit.*, p. 150.

assimilé le sens du « ternaire maçonnique » enseigné au premier degré[1].

En effet, l'initié sait, à partir du grade de maître, utiliser cette dualité et se sert à la fois du bien et du mal, des ténèbres et de la lumière, pour trouver son chemin. Contrairement au chrétien qui s'applique, malgré toutes ses imperfections et tous les obstacles de la vie, à suivre la voie de lumière et de vérité du Christ, qui est le chemin vers le bien, l'initié, lui, avance sur le chemin à la fois du bien et du mal. Ce thème se confirme lors de la cérémonie d'élévation au 30e degré, qui clôt la hiérarchie des hauts grades symboliques.

Mais il s'agit finalement d'une unicité polymorphe, comme le signifie entre autres le terme Grand Architecte de l'Univers (dans la franc-maçonnerie déiste), qui est une sorte de « contraction », unitaire et duale, c'est-à-dire à la fois le bien et le mal, mais également la synthèse, ou plutôt la réunion, du bien et du mal. Le Grand Architecte de l'Univers étant amour et haine, ainsi que leur synthèse, il se manifeste même parfois en tant que force cosmique et énergétique sous le signe de l'un et parfois sous celui de l'autre.

Finalement, la franc-maçonnerie, tout empreinte de relativisme, oriente ses adeptes vers un « ensemble ouvert » de vérités qui ne pourront jamais se conclure par *la* vérité. Bien au contraire, en confessant un « relativisme absolu », l'enseignement initiatique sera intrinsèquement paradoxal.

Dans cet univers où les symboles sont laissés à la libre interprétation de l'initié tout en recelant un sens caché, le champ d'investigation de celui qui recherche la vérité devient infini.

1. Ne surtout pas confondre, comme veulent le faire une certaine franc-maçonnerie ou certains de ses adeptes dans l'erreur théologique, le « ternaire maçonnique » avec la Sainte Trinité de la foi catholique.

Lorsque j'assistai à ma première tenue après avoir été élevé au 12e degré de Grand Maître Architecte, un dialogue rituel entre deux officiers me surprit et heurta violemment ma foi chrétienne. Le Sublime Grand Maître questionna :

« Que représente la circonférence[1] ? »

Le Premier Excellent Gardien lui répondit :

« Le champ des Connaissances[2] humaines.

– Le champ des Connaissances humaines est-il donc limité ? reprit le Sublime Grand Maître.

– Non, Sub.°. Gr.°. M.°.[3], ce champ est infini », conclut le Premier Excellent Gardien.

Une contradiction aussi flagrante que fondamentale m'apparut soudain. J'avais produit récemment, et dans un cadre totalement extérieur à la franc-maçonnerie, un travail d'études bibliques sur le Psaume 119. Ce long texte[4] de louange au Seigneur affirmait, au contraire, dans son verset 96 : « De toute perfection j'ai vu la limite ; tes volontés sont d'une ampleur infinie. » Cet antagonisme doctrinal vint alors confirmer mes réticences à poursuivre le chemin des hauts grades : non, l'esprit de l'homme et ses connaissances ne sont pas infinis ! Seul Dieu peut être qualifié comme tel. Nos connaissances sont réduites, limitées, incomplètes, et seul le Seigneur est le Tout-Puissant. La vérité n'est pas hors de la portée humaine puisque le Christ nous l'a révélée. Le démon, et lui seul, peut espérer nous dire le contraire : « La méchanceté de Satan ne s'est pas moins acharnée contre le *livre* que contre *la vérité qui s'y trouve consignée*[5]. »

---

1. *Rituel d'ouverture des travaux au 12e degré*, *op. cit.*, Le Droit humain, p. 6.
2. Avec un C capitale dans le *Rituel*.
3. « Sublime Grand Maître ».
4. Le Psaume 119(118) est le plus long des psaumes.
5. « Courtes méditations sur les psaumes » (www.bibliquest.org/bellett/jgb-at19-psaumes.htm).

L'infinité prétendue du « champ des Connaissances humaines » n'est finalement pas autre chose qu'une négation de l'unicité de la vérité. Et, indirectement, de la Révélation. Au-delà d'être une tentative de négation sournoise, elle est une voie sans issue !

Le relativisme est une impasse théologique aussi grave qu'essentielle. La seule affirmation du relativisme en tant que négation d'une vérité absolue est en soi un non-sens philosophique, et quasiment un sophisme. En proclamant de manière aussi tranchée le caractère relatif de la vérité, la franc-maçonnerie *affirme au moins une vérité qui serait absolue*! Elle ne peut donc pas affirmer péremptoirement que la vérité est *uniquement* relative. Comment donc soutenir, de manière absolue, un relativisme ? Quel insoluble paradoxe !

J'entends déjà certaines obédiences maçonniques objecter que l'absolu n'est pas nié par la franc-maçonnerie, qu'elle affirme simplement qu'il est hors de portée de l'homme. Mais si la vérité absolue est hors de portée de l'homme, comment la franc-maçonnerie, indiscutablement limitée humainement par la relativité et l'inaccessibilité de la vérité elle-même, peut-elle affirmer une vérité présentant un caractère absolu, c'est-à-dire celle de la vérité inaccessible ? Aurait-elle ainsi contradictoirement accédé à une vérité pourtant inaccessible, car hors de la portée de l'homme selon sa doctrine ? Ce qui serait un non-sens par principe !

Je témoigne tout simplement qu'il n'existe aucune vérité maçonnique : simplement un occultisme dualiste. La foi chrétienne, en revanche, m'amène à choisir le bien, et lui seul. Dieu ne nous demande jamais de nous placer alternativement dans la lumière et dans les ténèbres. Ni entre les deux, suivant un hypothétique fil rouge.

Si Dieu nous laisse mystérieusement en présence du bien et du mal, de la lumière et des ténèbres, il nous indique, et nous révèle, que le choix que nous avons à faire est celui du bien et de sa lumière : « Je prends aujourd'hui à témoin contre vous le ciel et la terre : je te propose la vie ou la mort, la bénédiction ou la malédiction. Choisis donc la vie, pour que toi et ta postérité vous viviez, aimant Yahvé ton Dieu, écoutant sa voix, t'attachant à lui » (Dt 30,19-20). Ma foi m'impose de ne jamais demeurer dans l'ambiguïté : « Aussi vrai que Dieu est fidèle, notre langage avec vous n'est pas oui et non. Car le Fils de Dieu, le Christ Jésus, que nous avons proclamé parmi vous, Sylvain, Timothée et moi, n'a pas été oui et non ; il n'y a eu que oui en lui » (2Co 1,17-19). Il n'existe pour moi, dès lors que mon cœur appartient au Christ rédempteur, aucun chemin, aucun compromis possible, entre le bien et le mal, entre le noir et le blanc du Pavé mosaïque, fût-il aussi ténu que le fil d'un rasoir. Jésus a définitivement vaincu Satan en mourant sur la croix pour nous sauver de nos péchés. Et le diable enrage que Marie n'ait jamais douté, ni de l'amour de Dieu ni de la victoire bénie de son Fils : « Nous avons même tenté sa Mère. Elle avait le cœur déchiré, mais aussi empli d'une grande paix, et elle pardonnait tout ; elle aimait et souffrait : son pardon était total ; son amour était total ; son offrande était totale. Et c'est cela qui nous a vaincus[1] ! »

La doctrine relativiste de la franc-maçonnerie cache, sous le prétexte d'harmonie et d'équilibre, une œuvre démoniaque qui s'exprime implicitement dans le Pavé mosaïque. Car son message est à l'opposé de l'enseignement de Jésus. Le Christ nous met d'ailleurs en garde contre les dangers du relativisme : « Que votre langage soit : "Oui ? Oui", "Non ? Non" : ce qu'on dit de plus vient du Mauvais » (Mt 5,37).

1. Expression du démon lors d'un exorcisme, dans la bouche d'une personne possédée, rapportée par le père Francesco Bamonte, *in La Vierge Marie et le diable dans les exorcismes*, éd. Bénédictines, 2012, p. 87.

Pour la franc-maçonnerie, l'Église est dans l'erreur

Cette conception duale de l'Univers, si séduisante *a priori*, m'a conduit, avec nombre d'autres francs-maçons, à considérer que la franc-maçonnerie offrait les clefs du vrai, alors que l'Église était dans l'erreur; que la franc-maçonnerie était le carreau blanc de pleine lumière et l'Église le carreau noir, obscur, et même obscurantiste.

C'est ainsi que j'avais eu une discussion, dans ma loge à Narbonne, au cours de l'année 2006, avec un franc-maçon des plus hauts grades qui avait coutume, en loge ou lors des agapes, de stigmatiser l'Église. Cet initié avait eu des responsabilités nationales au sein de l'obédience du Droit humain. Notre discussion eut lieu pendant les agapes, peu après une cérémonie d'élévation à la maîtrise[1].

De cet entretien, il ressortit que les maîtres véritables étaient ceux qui apportaient le bonheur à l'humanité, par opposition à ceux qui l'aliénaient par la « superstition[2] ». Je devais apprendre en effet durant mon parcours initiatique que la franc-maçonnerie estime conduire ses adeptes sur le chemin des véritables secrets occultes. Pour elle, l'Église catholique – notamment – est une perversion de la tradition primordiale : « La sagesse ésotérique se pervertit alors en religion : "Les religions non seulement ne coïncident pas avec l'ésotérisme, mais le dénaturent ou le rejettent[3]." » La franc-maçonnerie se considère comme l'héritière de la sagesse primordiale, qui fonderait prétendument toutes les religions des hommes : « La maçonnerie enseigne et a conservé dans toute leur pureté les principes fondamentaux de la vieille foi primitive, qui sont les

1. Pour un récit de la cérémonie de l'élévation à la maîtrise, voir mon précédent ouvrage, *J'ai frappé à la porte du Temple*, *op. cit.*, p. 99-105.
2. Il convient de traduire, dans l'esprit de la franc-maçonnerie, par le mot « religion », notamment le catholicisme.
3. Yves-Albert DAUGE, *L'ésotérisme, pour quoi faire ?*, Dervy, 1998, cité par le père Joseph-Marie Verlinde, *in Quand le voile se déchire*, Saint-Paul, 2002, p. 96.

vases sur lesquelles s'appuie toute religion[1]. » Dans ces conditions, les évêques, les cardinaux, le pape, surtout (en particulier Benoît XVI, détesté par la franc-maçonnerie), sont regardés comme des imposteurs et des mystificateurs, et encore plus par les francs-maçons de haut grade appartenant à la maçonnerie noire des aréopages.

C'est donc en toute logique maçonnique que les membres de l'Église sont considérés comme les assassins d'Hiram ou, au mieux, leurs complices. Hiram est le Grand Maître de tous les francs-maçons. Détenteur des secrets ultimes, il fut occis par trois compagnons ambitieux et envieux de les obtenir sans avoir rempli les conditions initiatiques préalables. D'ailleurs, il ne fut pas difficile, pour le vieux et haut gradé franc-maçon, de me démontrer que l'Église était obscurantiste. Jaillirent dans l'argumentation de mon *frère* des hauts grades tous les poncifs anticléricaux dont je ne discernais pas à l'époque la subjectivité : l'Inquisition, les papes Borgia et leurs intrigues, le procès de Galilée, la négation de la virginité mariale et même de la divinité et de la résurrection du Christ.

Selon la franc-maçonnerie, l'Église ne désire qu'une seule chose, donner la mort au maître franc-maçon Hiram réincarné dans tous les initiés.

L'Église catholique, qui lutte contre la franc-maçonnerie depuis sa création au XVIIIe siècle, s'oppose donc à l'émancipation de l'humanité, selon les dires de mon *frère*. Il l'assimilait au dogmatisme, au fanatisme et à l'ambition, qui sont les trois défauts ayant motivé les compagnons assassins. Et je dois avouer aujourd'hui, avec regret et non sans une certaine honte, avoir été convaincu par cette théorie maçonnique. Même si je sais que le Seigneur m'a pardonné cette errance, pour l'avoir commise « sous influence », et surtout pour l'avoir sincèrement regrettée à la suite de ma conversion, je dois dire que, quelques

1. *Ibid.*

années plus tard, j'en ai pleuré de détresse en confessant mon aveuglement. J'étais Pierre, qui avait renié le Christ : « Et, sortant dehors, il pleura amèrement » (Mt 26,75).

Une morale fondamentalement duale

Pour la franc-maçonnerie, qui enseigne que le microcosme est identique au macrocosme, l'Univers est dual et, par conséquent, tout en l'homme est dual.

Franc-maçon, je vivais sans autre référence morale que celle enseignée par l'institution maçonnique : rien n'est complètement mauvais, rien n'est entièrement bon, chacun décidant, en fin de compte, de ses propres critères moraux, seulement encadrés par l'utopie initiatique. D'ailleurs, nombre de planches expriment que, au-delà de la dualité qu'ils symbolisent, les carrés noirs comportent du blanc et les carrés blancs du noir, faisant référence au *yin* et au *yang* de la cosmologie extrême-orientale. Ce qui est exact en chromatologie, mais sans doute très discutable en théologie ! La franc-maçonnerie considère donc que ses adeptes peuvent faire du bien tout en faisant un peu de mal, et du mal pour en tirer du bien. Nous sommes très loin de la rigueur morale d'un saint Paul, qui exhorte le chrétien au seul bien : « Que votre charité soit sans feinte, détestant le mal, solidement attaché au bien » (Rm 12,9).

Concrètement, cette vision d'une moralité relative conduit à des égarements, la luxure en étant un parfait exemple. S'agissant de la sexualité, saint Paul nous indique : « Tout m'est permis, mais tout ne m'est pas profitable. Tout m'est permis, mais je ne me laisserai, moi, dominer par rien » (1Co 6,12). Bien au contraire, je témoigne que la morale, au sens de la franc-maçonnerie, n'est que le résultat d'un « contrat social » et ses limites dépendent finalement d'un consensus humain qui n'a de compte à rendre à aucun dieu : « L'ancien sénateur Caillavet, franc-maçon notoire, [...] écrit : "Il n'y pas de morale universelle à soubassement divin ; la morale étant essentiellement contingente, elle évolue ; elle n'est pas transcendantale. Ce qui est vrai aujourd'hui sera faux demain"[1]. » Or, lorsque tout est relatif et provisoire, luxure et adultère ne sont plus péchés, tout est permis et la morale n'existe plus.

Un franc-maçon, dont il faut louer l'honnêteté intellectuelle, a ainsi fait l'aveu, dans une planche, du relativisme maçonnique, mais surtout de l'instauration de celui-ci en véritable dogme maçonnique : « Même si on affirme que le relativisme n'est pas pris comme un dogme, on propose cependant en fait une conception symbolique relativiste ; aussi, le caractère relativisant d'une telle communauté morale et rituelle, loin de pouvoir être éliminé, se révèle au contraire déterminant[2]. »

Or, en matière de sexualité, la liberté est rapidement confondue, lorsqu'elle devient relative, avec le libertinage : « L'adultère est chose courante chez eux. Oh, ne protestez pas, mes *frères*, je pourrais citer des cas, très nombreux ; je pourrais citer des noms de Très Illustres Frères[3]. Les conversations libertines sont fréquentes dans les parvis ; et en quittant la grande loge, le soir, on ne rentre pas toujours directement chez soi, n'est-ce pas, frère et frère Untel ? Et c'est vous qui crierez le plus fort pour faire courir des calomnies abominables sur les prêtres et sur la confession. Hypocrites[4] ! »

Plus loin de nous, une anecdote, qui a défrayé la chronique nationale, nous indique à quel point l'idéologie de

1. Maurice CAILLET, *J'étais franc-maçon*, Salvator, Paris, 2009, p. 164.
2. Planche maçonnique « Les rapports entre la franc-maçonnerie et l'Église catholique de Rome » (www.ledifice.net/7491-1.html).
3. C'est le titre que portent les francs-maçons ayant atteint le 33e degré, qui est le plus haut des hauts grades maçonniques au REAA. Ceux-ci sont investis des plus hautes fonctions, notamment nationales, au sein de leur obédience.
4. Alain VIGNEAU, *La loge maçonnique*, éd. du Trident, 2011, p. 39.

la franc-maçonnerie influence certains de ses membres, au point que toute barrière morale est écartée au profit d'un hédonisme effréné, mêlant la franc-maçonnerie, le sexe, la politique et l'affairisme : il s'agit de l'« affaire du Carlton de Lille », dont l'épilogue judiciaire a eu lieu au TGI de Lille en février 2015. L'ancien directeur général du FMI, Dominique Strauss-Kahn, fils de francs-maçons, et peut être franc-maçon lui-même, n'a pas été condamné pour proxénétisme en 2015[1], mais il a reconnu avoir eu nombre de relations sexuelles avec plusieurs jeunes femmes dans le cadre de ce que certains ont qualifié d'« activités sexuelles collectives[2] ». Or près de la moitié des prévenus dans cette affaire étaient francs-maçons. Et, « sur les six francs-maçons mis en cause, quatre étaient affiliés au Grand Orient de France[3] ». La franc-maçonnerie apparaît à chaque feuille de ce dossier « rose » : « Les juges d'instruction voyaient à l'œuvre des "réseaux francs-maçons, libertins et politiques"[4]. » C'est ainsi que « *Le Point* voit l'ombre de la franc-maçonnerie, *Le Figaro* évoque la "grivoiserie fraternelle", *La Dépêche* cite un cercle amical, libertin, parfois franc-maçon, et bien d'autres médias citent la franc-maçonnerie dans leurs commentaires[5]. »

Il n'est pas question ici de dire que les francs-maçons sont tous des libertins ou des dépravés sexuels. Je peux témoigner, au contraire, en avoir connu qui se compor-

1. Et cela semble logique, en l'état du droit pénal, sauf à considérer une notion particulièrement extensive de la notion juridique de proxénétisme, même si l'on peut douter que le directeur général du FMI, qui n'a rien d'un homme naïf, ait ignoré qu'il s'agissait de prostituées. Dès lors, la mise en cause de DSK de ce chef d'accusation paraît relever d'un « lynchage » politique, ou d'une stratégie de « mise hors circuit » de l'éventuel candidat aux élections présidentielles.

2. Émeline CAZI et Ariane CHEMAIN, « Affaire du Carlton : ce que révèlent les PV de garde à vue de DSK », *lemonde.fr*, 28 mars 2012.

3. François KOCH, « La Lumière : le blog franc et maçon de *L'Express* », 10 février 2015.

4. *Ibid.*

5. *Ibid.*

taient de manière parfaitement honnête sur ce point. Mais tout est relatif en franc-maçonnerie, et le relativisme moral qui procède de la doxa maçonnique entraîne souvent des dérives. Ces dérives résultent logiquement d'une conception individualiste, subjective et souveraine de l'initié. Lorsque chacun édicte ses propres critères définissant le bien et le mal, alors l'homme en devient moralement autonome.

Un franc-maçon du Grand Orient de France précise dans l'une de ses planches, sous le titre « Éthique et morale », que la franc-maçonnerie est amorale et que l'individualisme maçonnique détermine nécessairement cette conception relativiste : « L'autonomie de chacun constitue un impératif fondamental[1]. »

C'est ce que dénonçait déjà, il y a près d'un siècle et demi, le pape Léon XIII : « Quant à la morale, la seule chose qui ait trouvé grâce devant les membres de la secte franc-maçonnique, et dans laquelle ils veulent que la jeunesse soit instruite avec soin, c'est celle qu'ils appellent "morale civique", "morale indépendante", "morale libre", en d'autres termes, morale qui ne fait aucune place aux idées religieuses. Or, combien une telle morale est insuffisante, jusqu'à quel point elle manque de solidité et fléchit sous le souffle des passions, on peut le voir assez par les tristes résultats qu'elle a donnés. Là, en effet, où, après avoir pris la place de la morale chrétienne, elle a commencé à régner avec plus de liberté, on a vu promptement dépérir la probité et l'intégrité des mœurs[2]. »

Et la luxure est un péché contre Dieu puisqu'elle est un péché contre notre propre corps, créé par Dieu : « Fuyez l'impudicité. [...] celui qui se livre à l'impudicité pèche contre son propre corps. Ne savez-vous pas que votre corps est le temple du Saint-Esprit qui est en vous, que vous avez

1. Planche maçonnique « Éthique et morale », Grand Orient de France, 25 février 2008 (www.ledifice.net/7113-1.html).
2. Léon XIII, Lettre encyclique *Humanum genus* (20 avril 1884).

reçu de Dieu, et que vous ne vous appartenez point à vous-mêmes ? Car vous avez été rachetés à un grand prix. Glorifiez donc votre Dieu dans votre corps et dans votre esprit, qui appartiennent à Dieu » (1Co 6,19-20). L'amour et la sexualité sont indissociables, et les Saintes Écritures engagent les époux à s'unir : « Ne vous privez point l'un de l'autre, si ce n'est d'un commun accord pour un temps, afin de vaquer à la prière; puis retournez ensemble, de peur que Satan ne vous tente par votre incontinence » (1Co 7,5).

En revanche, puisque selon la franc-maçonnerie le comportement humain doit permettre à chacun de vivre selon ses propres désirs, la luxure n'est en rien critiquable : elle devient une simple « particularité » comportementale, librement choisie. Alors le bien et le mal deviennent des concepts relatifs, et plus rien ne s'oppose à ce qu'un mal puisse être considéré comme un bien.

Le mal est nécessaire et utile à l'humanité selon la franc-maçonnerie

Le bien et le mal sont, pour l'institution initiatique, deux forces certes antinomiques, mais reliées à la fois par leur nature et par leur origine cosmique. Ce qui en fait le fondement de la réalité ultime. J'appris même avec horreur que la franc-maçonnerie glorifie, sans ambiguïté et logiquement, le mal : « Le mal est l'ombre du bien, et il en est inséparable. [...] Donc le mal est nécessaire à l'humanité (*sic*) [...] comme le sel est indispensable à l'eau des mers. Là aussi, l'harmonie peut seulement dériver de l'équilibre des contraires[1]. » L'on voit bien que, pour la franc-maçonnerie, le mal existe afin d'être la nécessaire complémentarité du bien.

Tout au contraire, le Christ nous qualifie de « sel de la terre » lorsque nous nous engageons non pas sur le che-

1. Albert PIKE, *Morals and Dogma of Freemasonry*, vol. VI, p 212-213.

min de la dualité du bien et du mal, mais sur celui des Béatitudes, qui sont l'expression du seul bien, et le chemin unique de la Parole de Dieu : « Vous êtes le sel de la terre. Mais si le sel vient à s'affadir, avec quoi salera-t-on ? (Mt 5,13).

La franc-maçonnerie qui s'affirme déiste et se réfère alors au Grand Architecte de l'Univers a fait sienne la conception hérétique selon laquelle Dieu concentre en lui le bien et le mal, ce qui n'est pas sans rappeler le manichéisme et le gnosticisme que combattit saint Irénée au IIe siècle. Et celle qui se dit matérialiste, ou agnostique, se fonde sur le dualisme des pulsions humaines, des forces ou polarités cosmiques, en tant que puissances supérieures auxquelles les hommes sont inconsciemment soumis.

Telle est la réalité : la franc-maçonnerie n'apporte aucune réponse théologique à la question du mal, elle l'intègre au contraire au bien !

Pour l'Église, le Christ a bel et bien vaincu le mal par la croix : « Le surnaturel, cette échappée belle dans laquelle le Christ nous entraîne, constitue la première réponse chrétienne au problème du mal dans toutes ses dimensions. Par la grâce, quoi qu'il lui soit arrivé, tout homme a une deuxième chance et une deuxième vie[1]. »

La grâce de Dieu est donc là pour nous aider, sinon à vaincre le mal, tout au moins à le supporter, sans toutefois jamais le considérer comme une nécessité voulue par Dieu.

À moi aussi, Dieu m'offrit une seconde chance : alors que j'étais pris dans les méandres de la franc-maçonnerie, il a conduit mes pas, au plus fort de ma détresse, d'abord devant Marie à Lourdes, puis quelques semaines plus tard devant une abbaye mariale ! Ce fut en cet endroit, baigné de calme, de prière et de beauté véritable, que je com-

---

1. Abbé Guillaume DE TANOÜARN, *Une histoire du mal*, Via Romana, 2013, p. 13.

pris la réponse à la question qui obsède tout homme, celle du mal…

Dieu n'est pas à l'origine du mal : « Dieu […] exècre le mal, qu'il n'a pas créé. Le fauteur, […] c'est cet ange aujourd'hui pourri jusqu'à la moelle, appelé Satan, beau comme un dieu et orgueilleux comme un ange peut l'être quand il perd ses ailes et les pédales. […] il s'est révolté […] jusqu'à s'opposer violemment à Dieu notre Père, et c'est ici qu'il faut placer la naissance historique du mal. L'ange devint un monstre et n'eut qu'une seule envie : ruiner l'œuvre d'amour du Père éternel[1]. » Tout comme un père qui aime ses enfants, Dieu nous a fait don de la liberté, qu'il avait accordée également auparavant aux anges.

Et cet ange déchu, Lucifer puisqu'il faut le nommer, a emporté l'homme et la femme dans sa chute : « Dieu n'est pas l'auteur de la souffrance. Il est l'auteur de notre liberté. L'homme, en faisant un mauvais usage de la liberté, est responsable du mal […]. Le Dieu chrétien est un Dieu d'amour[2]. » Cette absolue vérité étant posée, je compris donc que les spéculations intellectuelles auxquelles je m'étais livré durant des années, rédigeant, écoutant et méditant sur le symbolisme du Pavé mosaïque, m'avaient amené non seulement dans une impasse spirituelle devant la question du bien et du mal, mais aussi qu'elles m'avaient conduit à une conception monstrueuse, inversée, luciférienne, de la nature de Dieu.

En m'éloignant des doctrines maçonniques et en retrouvant la foi, je réalisai enfin que Dieu et Satan ne sont en rien complices : le premier ne tolère les actions de l'autre que par l'amour infini qu'il a pour l'homme, sa créature, espérant avec patience et bonté que celle-ci fasse librement le choix de la foi et du bien.

---

1. Père Michel-Marie ZANOTTI-SORKINE, *Croire*, Artège, 2012, p. 79-80.
2. Jacques LACOURT, *Délivre-nous du mal*, éd. de l'Emmanuel, 2003, p. 22.

Je me rendis également compte que Dieu et Satan ne sont pas de « valeur » et de « puissance » équivalentes, même si le second mène une lutte sans merci contre la créature et la création du premier.

J'entendis enfin, au plus profond de mon cœur, que Dieu est amour et qu'il ne sera jamais que cela, de toute éternité.

Je découvris la seule réponse qui vaille devant le mystère du mal : il n'y a rien à chercher dans le domaine de l'occulte. L'occulte n'est que l'une des émanations de ce mal même, ce n'est qu'une séduction de plus; Dieu, lui, m'aime infiniment. Justement parce que je suis tombé, justement parce que je me suis reconnu faible et humble. Et cet amour, par le sang du Christ répandu pour nous sauver, m'a libéré, moi aussi, du péché : « La Passion du Christ nous révèle un Dieu follement amoureux. Éternellement, Dieu a décidé de répondre à notre interrogation fondamentale sur le mal en nous proposant un autre mystère encore plus scandaleux : le mystère de Jésus crucifié, "scandale pour les juifs et folie pour les païens" (1Co 1,13)[1]. »

J'avais perdu plus de vingt années à tenter de comprendre la question du bien et du mal par l'analyse du symbolisme maçonnique du Pavé mosaïque, sous l'angle erroné de l'équipotentialité. J'avais tourné en rond entre les deux pôles de la dualité comme un boxeur ballotté dans tous les coins du ring par les deux poings de son adversaire.

En réalité, l'autonomie à laquelle aboutit l'enseignement maçonnique vise à remettre en question toute vérité révélée, car, pour la franc-maçonnerie, la vérité ne peut être construite que par l'expression d'une multiplicité initiatique.

---

1. Abbé Pierre Descouvemont, *Guide des difficultés de la foi catholique*, Cerf, 2009, p. 308.

La référence des francs-maçons exprime bien l'ambition des loges, à savoir « créer » des hommes « libres ».

Un levier pour soulever le monde

La puissance du levier

J'avais été un maître franc-maçon. J'étais devenu Grand Maître Architecte dans les hauts grades. Un initié, par conséquent, parfaitement autonome.

La franc-maçonnerie veut « créer » des hommes « libres » dans une loge « libre ». Cependant, cette liberté, notamment de parole, est très relative et limitée par le cadre du « maçonniquement correct[1] ». La franc-maçonnerie conduit ses adeptes à être autonomes au sens de l'étymologie grecque du terme[2], c'est-à-dire « qui se gouverne par ses propres lois ». Je compris un jour que la liberté maçonnique consiste plus ou moins explicitement en un objectif métaphysique : « Ce n'est pas en vain que l'initié est appelé à devenir son propre roi et son propre prêtre[3] » ; ainsi l'initié va-t-il « s'émanciper », jusqu'à se prétendre lui-même dieu : « Ce qui distingue les maçons, c'est qu'ils collaborent au Grand Œuvre en pleine connaissance de cause [...] et parviennent à cette maîtrise, équivalent d'une divinisation ou d'une apothéose[4]. » Je témoigne que la franc-maçonnerie vise à une sorte d'autoproclamation humaine, s'apparentant au pélagianisme[5].

C'est pourquoi les maîtres francs-maçons estiment, par principe et sans cesse, devoir se « libérer » : « Il faut s'affranchir chaque jour pour devenir et rester libre. Sous une

1. Cf. *J'ai frappé à la porte du Temple*, *op. cit.*, p. 119-122.

2. Du grec *autonomos* : qui s'administre librement, qui se gouverne par ses propres lois.

3. Oswald Wirth, *La franc-maçonnerie rendue intelligible à ses adeptes*, t. III : *Le maître*, *op. cit.*, p. 27.

4. *Ibid.*, p. 49-50.

5. Doctrine professant la liberté totale de l'homme face à Dieu.

infinité de formes perfides, l'esclavage nous guette sans cesse ; il s'impose à notre esprit si la paresse intellectuelle nous empêche de chercher par nous-mêmes la vérité[1]. » Cette sorte d'agitation psychologique et spirituelle n'est pas surprenante. Ce que je devais comprendre de mes années en franc-maçonnerie est que l'individu, finalement livré à lui-même par l'illusion de la maîtrise, tourne en rond, tout partant de lui et tout revenant à lui. En franc-maçonnerie, il n'était nulle parole divine me permettant de trouver un repère stable. Je croyais chercher l'absolu et ne trouvais que moi. « L'homme est le terme unique d'où il faut partir et auquel il faut tout ramener[2]. »

Pour ma part, j'ai préféré, dès lors que je l'ai découverte, la conception de saint François d'Assise : « Tout vient de Dieu et doit retourner à Dieu, y compris sa Parole[3]. » Énoncé auquel la franc-maçonnerie ne saurait adhérer, dans la mesure où, pour elle, la parole est perdue. Pour le chrétien, elle est révélée, même si mystérieuse jusqu'à l'Apocalypse.

Esquissée lors de l'initiation, une autonomie malsaine s'était installée en moi dès le grade de compagnon, lors de la présentation de l'un des nouveaux outils symboliques spécifiques de ce grade : le levier. Le rituel de l'élévation à ce grade précise, par la voix du Second Surveillant :

« La puissance du levier peut être considérable. »

Maxime complétée par celle du Premier Surveillant, qui poursuit par l'énoncé d'un authentique dogme maçonnique :

« Judicieusement utilisé, le levier permettra ainsi la mise en place des pierres taillées au sein de l'édifice. »

---

1. Oswald WIRTH, *op. cit.*, p. 160.
2. Communiqué de l'obédience du Droit humain, juillet 2014 (www.droithumain-France.org).
3. Michel HUBAUT, *Accueillir la Parole de Dieu avec saint François d'Assise*, éd. Franciscaines, 2007, p. 55.

Il se confirma en moi, lors de mon accession à ce grade, que les pierres symbolisaient les francs-maçons, et le levier la volonté maçonnique, laquelle était tellement imprégnée tout à la fois par le rationalisme et l'ésotérisme que rien ne pourrait lui résister. Quelle prétention humaine devant la toute-puissance de Dieu ! La franc-maçonnerie, à condition d'avoir de bons apprentis, de bons compagnons et de bons maîtres, finirait irrésistiblement par s'imposer à l'humanité : « La volonté nous met en main le levier irrésistible qui permet de soulever le monde[1]. » Rien ne permettrait aux profanes ensommeillés de lutter contre les initiés éveillés par de secrètes lumières, devenant des leviers habilement utilisés, c'est-à-dire utilement et secrètement placés – comme je l'étais – dans les administrations, la finance, les entreprises, les syndicats et les milieux politiques. Cette description est d'ailleurs confirmée dans la réalité par un Grand Maître : « L'influence de la franc-maçonnerie est peut-être plus importante encore [...] que sous la IIIe ou la IVe République. Elle se place à un autre niveau [...]. Il n'y a pas aujourd'hui d'association, de groupement, de syndicat dans lesquels les francs-maçons ne se trouvent et aux postes de responsabilités les plus éminents[2]. »

Lors de la cérémonie, le Vénérable avait conclu l'enseignement concernant le levier du compagnon :

« Le levier ne garde l'efficacité que l'on peut attendre de lui que s'il est manié librement. De même la pensée devient stérile et impuissante si elle reste prisonnière de l'ignorance, des préjugés et des dogmes (*sic*). Le levier symbolise la puissance de la pensée libre. Sans liberté, la raison n'est rien et ne peut rien. Que le levier vous rappelle toujours ce devoir du maçon : penser librement. »

---

1. Oswald Wirth, *La franc-maçonnerie rendue intelligible à ses adeptes*, t. II : *Le compagnon*, *op. cit.*, p. 113.
2. Bibliothèquedecombat, 22 janvier 2016 : « Ennemis de Dieu, franc-maçonnerie ».

Une « traduction » s'impose ici, une « traduction » qui résulte de plus de vingt années de pratique et réflexion maçonniques, une « traduction » qui bénéficie donc d'un grand nombre de lectures, d'écoutes de planches, tout comme de discussions avec des maîtres et hauts gradés de la franc-maçonnerie.

Manier librement le levier signifie que le maçon est juge, par lui-même, de son utilisation, mais dans le cadre de la seule doxa maçonnique qui l'a inconsciemment formaté à la « liberté humaniste » : « Lire peu et penser beaucoup par soi-même, telle doit être la règle du maître. Architecte de sa construction intellectuelle, il recueille des matériaux qu'il met en œuvre selon son propre plan, en les taillant à sa convenance[1]. »

Ayant observé les dogmes maçonniques, et surtout celui du levier, alors que j'assistais à une accession au grade de compagnon[2], je compris leurs limites dans le domaine de la spiritualité. Lors de ma conversion, une « immense petite » sainte est intervenue, avec un amour discret, tout fait d'Esprit et de tendresse, pour m'aider.

Lisant l'un de ses écrits, le « point d'appui » qui manquait cruellement au levier de la franc-maçonnerie, m'apparut : « Un savant a dit : "Donnez-moi un levier, un point d'appui et je soulèverai le monde." Ce qu'Archimède n'a pu obtenir parce que sa demande ne s'adressait point à Dieu et qu'elle n'était faite qu'au point de vue matériel, les saints l'ont obtenu. Dans toute sa plénitude. Le Tout-Puissant leur a donné pour point d'appui : lui-même, et lui seul. Pour levier : l'oraison qui embrase d'un feu d'amour. Et c'est ainsi qu'ils ont soulevé le monde, c'est ainsi que les saints encore militants le soulèvent et que, jusqu'à la fin du monde, les saints à venir le soulè-

1. Oswald WIRTH, *La franc-maçonnerie rendue intelligible à ses adeptes*, t. III : *Le maître*, *op. cit.*, p. 240.

2. À chaque nouvelle initiation ou élévation à un nouveau grade, l'initié revit intellectuellement les cérémonies qu'il a déjà vécues.

veront aussi[1]. » Désormais, je différenciais clairement les saints et les initiés : les saints ne possèdent aucun secret ésotérique, ils s'abandonnent, en toute simplicité, à Dieu…

Loin d'une telle humilité qui habita celles et ceux qui ont voué leur existence à la plus grande gloire de Dieu, la franc-maçonnerie incite ses adeptes parvenus dans les hauts grades à s'enorgueillir de leur progression initiatique.

Se glorifier soi-même !

La franc-maçonnerie oriente donc ses adeptes vers une autonomie orgueilleuse dès l'initiation, notamment par certains rituels. Il en va ainsi pour les loges du Grand Orient de France, qui pratiquent très majoritairement le Rite français, rite se disant « laïque (*sic*) ». Au cours de la cérémonie, le Vénérable Maître déclare au récipiendaire, qui vient tout juste de recevoir la lumière et qu'il vient de « créer » apprenti franc-maçon, par l'imposition de la lame de son épée flamboyante :

« Debout, mon F.°., tu ne te mettras plus jamais à genoux devant personne. Un franc-maçon vit debout et meurt debout. »

Et c'est bien le contraire que nous enseigne la Parole de Dieu : « C'est pourquoi Dieu l'a souverainement élevé et lui a conféré le nom qui est au-dessus de tout nom, afin qu'au nom de Jésus tout genou fléchisse dans les cieux, sur la terre et sous la terre, et que toute langue proclame que le Seigneur, c'est Jésus-Christ à la gloire de Dieu le Père » (Ph 2,9-11).

Au Rite écossais ancien et accepté, qui est le rite le plus utilisé au monde, c'est au grade de compagnon et

1. Sainte Thérèse de Lisieux, « Manuscrit Mère Marie de Gonzague », *in Histoire d'une âme*, Presses de la Renaissance, 2005, p. 330.

par l'enseignement sur l'utilisation du levier, tel que je l'ai décrit précédemment, que le culte de soi débute. Il se confirmera au 4e degré du haut grade de Maître secret. Lors de l'instruction rituelle de ce grade, à la question : « Êtes-vous M.°. Sec.°.[1] ? », le franc-maçon doit répondre : « Je m'en glorifie. » J'avais eu des difficultés à accepter cette autoglorification. Le Trois Fois Puissant[2], qui l'avait sans doute perçu, m'avait donc demandé d'exposer une planche au 4e degré : « Pourquoi le Maître secret peut-il se glorifier ? »

J'y exprimais que l'on pouvait certes glorifier Dieu, mais seulement Dieu. J'y expliquais que « la gloire est l'auréole lumineuse entourant l'image du Christ ». Puis je précisai que « le M.°. Sec.°. ne saurait être assimilé au personnage biblique ». C'est ainsi que je citai dans ma planche les versets 6 et 7 du Psaume 82[3] : les hommes ne peuvent se prendre pour des dieux, ils tomberaient comme des princes quelconques !

Je me référai également à l'Évangile de Jean : « Père, glorifie ton Fils, afin que ton Fils te glorifie » (Jn 17,1). Je voyais bien que le Maître secret, à l'inverse, se glorifiait de sa propre réussite initiatique et de sa propre victoire sur lui-même par l'évocation symbolique du laurier, ainsi que l'exprime le rituel de ce grade :

« Êtes-vous M.°. Sec.°. ?

– Je m'en glorifie !

– Où avez-vous été reçu M.°. Sec.°. ?

– Sous l'olivier et le laurier.

1. « Maître secret ».
2. Titre porté par le président de loge (équivalent du Vénérable Maître en loge bleue) au 4e degré des hauts grades, loge dénommée atelier de perfection. Ces ateliers vont du 4e au 14e degré des hauts grades.
3. « Vous êtes des dieux, vous êtes tous des fils du Très-Haut. Cependant, vous mourrez comme des hommes. Vous tomberez comme un prince quelconque. »

– Que représentent ces symboles ?

– Le laurier est le symbole de la Victoire[1] que j'espère remporter sur moi-même à la suite de mes efforts dans l'accomplissement du devoir[2]. »

Pour moi, bien au contraire, toute gloire était à Dieu. Ma foi en Dieu ne permettait pas que *je me glorifie* sans blasphémer : « Où est-il donc le droit de se glorifier ? Il est exclu. Par quel genre de loi ? Celle des œuvres ? Non, par une loi de foi » (Rm 3,27). C'était clair : aucun homme dans la foi ne pouvait se glorifier...

Je poursuivis ma planche en affirmant que la seule glorification que je pouvais accepter de pratiquer devant Dieu était celle de la petitesse de ma condition humaine : « Il faut se glorifier ? [...] mais, pour moi, je ne me glorifierai que de mes faiblesses [...]. Le Seigneur [...] m'a déclaré : "Ma grâce te suffit : car la puissance se déploie dans la faiblesse." C'est donc de grand cœur que je me glorifierai surtout de mes faiblesses, afin que repose sur moi la puissance du Christ » (2Co 12,1.5.8-9).

Je compris que, comme nous l'enseigne saint Paul, celui qui se glorifie lui-même pèche et commerce avec Lucifer. Le 4e degré des hauts grades me confirmait mon accès dans le cœur secret du démon !

Même si j'avais, par diplomatie, et afin que cette planche au 4e degré soit « maçonniquement correcte », assimilé implicitement le Christ à Hiram[3], ce que le Seigneur m'a ensuite pardonné, les membres de l'atelier de perfection parurent néanmoins troublés. Certains faisaient la moue, d'autres grinçaient des dents et ceux qui

1. Avec un V capitale dans le texte du rituel maçonnique du 4e degré de Maître secret du Droit humain.

2. *Instruction rituelle du 4e degré de Maître secret*, Droit humain, p. 10.

3. J'avais décidé de rester conforme à la doxa maçonnique des hauts grades par souci de ne heurter personne. Cependant, je voyais bien que je ne pouvais rester dans ce monde ésotérique, sauf à tomber dans la compromission.

m'aimaient bien semblaient peinés que je « tourne mal » : je commençais à désobéir à la désobéissance !

Nos routes se séparaient désormais... Auraient-ils pu comprendre, alors, que mon Dieu n'était pas le Grand Architecte de l'Univers ? Moi, je ne voulais plus qu'obéir à mon Dieu. Je ne désirais plus aimer que lui, de tout mon cœur, et m'abaisser devant sa toute-puissance. Et non me glorifier devant le Grand Architecte de l'Univers !

En franc-maçonnerie, même pour les obédiences déistes, le rituel n'exprime aucune louange à Dieu. Tout au plus déclame-t-il, à l'ouverture et à la fermeture de ses travaux, que ceux-ci se tiennent « à la gloire du G.°. A.°. D.°. L.°. U.°.[1] ». Mais il n'existe nulle prière, nulle louange, nulle oraison, nulle adoration. Ce qui est parfaitement logique : en franc-maçonnerie, on ne saurait se reconnaître faible devant Dieu. Dieu est un naturalisme pour les obédiences déistes, un concept, et non un Dieu personnel. Et pour les obédiences « laïques » (en réalité, anticléricales ou, au mieux, matérialistes), c'est simplement l'humanité, ou son inconscient collectif.

Il s'ensuit une attitude individualiste, avec l'autonomie posée en dogme, qui conduit en fin de compte à une désobéissance posée comme principe : « Jusqu'à présent, ce qui m'a fait récuser les vérités de la science, de la foi et de la philosophie, c'est le refus d'obéissance à un système et au langage qui le constitue, c'est mon ambition à n'accepter [...] "aucune limite à la recherche de la vérité"[2]. » Et cette désobéissance institutionnalisée conduit inévitablement à la transgression. L'éloge de la transgression, comme modèle de société fondée sur les « valeurs maçonniques », est même explicité dans un rapport au

1. « Grand Architecte de l'Univers ».

2. Planches maçonniques « La Vérité » (www.ledifice.net/3039-6.html et www.ledifice.net/3039-1.html).

convent : « 1789 marque ainsi le début d'une période euphorique de transgressions [...]. C'est dès le début du XIXe siècle qu'un grand nombre d'œuvres vont évoquer un monde merveilleux à venir. Ce sont des utopies politiques qualifiées d'utopies socialistes[1]. » Ainsi, pour la franc-maçonnerie, le « progrès de l'humanité » ne peut être que transgressif en ce qu'il ne repose que sur l'utopie maçonnique : « Des utopies d'hier sont parfois devenues des réalités d'aujourd'hui (abolition de l'esclavage, droits civiques, avortement, abolition de la peine de mort...)[2]. » « L'utopie déclare sa décision de l'engagement vers une prochaine modification des sociétés[3]. »

La franc-maçonnerie va donc inciter ses adeptes, qui ne seront parfois même pas conscients des conséquences globales de son action, à mettre en œuvre ces utopies et, pour reprendre le symbole du levier, à faciliter la mise en œuvre de lois (les leviers) destinées à soulever les pierres (modifier l'organisation sociale des hommes par les lois). De son cadre spéculatif, découle donc pour la majorité des obédiences une volonté de construire un nouvel ordre social. Les vingt-quatre années passées au sein de la franc-maçonnerie, ainsi que nombre de planches ou de déclarations maçonniques, me permettent ici de mentionner la méthode récurrente utilisée en franc-maçonnerie pour faire passer ses utopies au niveau légal, et de rappeler ses champs d'action et d'influence.

---

1. « Synthèse de la question sociale », *Rapport de la question sociale*, Ordre maçonnique mixte et international « le Droit humain », Convent 2014.
2. *Ibid.*
3. *Ibid.*

II
L'influence de la franc-maçonnerie en politique

Ce « bonheur de l'humanité »

Pour les *frères* et *sœurs* francs-maçons, les lois d'origine maçonnique sont forcément bonnes, et par nature indiscutables. Parce que précisément... elles sont « maçonniquement correctes ». C'est une évidence, puisqu'elles participent, par leur principe même, au « bonheur de l'humanité » !

Il suffit d'écouter cette *sœur* qui fut proposée pour me remplacer à la fin de mes trois années en tant qu'Orateur[1]. Elle présenta, comme les règlements généraux le prévoient, un rapport moral sur l'ensemble des travaux effectués pour l'année échue, puis conclut de la sorte son exposé :

« Pour terminer, mes S.S.°. et mes F.F.°., je forme le vœu que la franc-maçonnerie continue à influencer l'élaboration des lois de notre pays. Des lois de liberté, d'éga-

1. L'Orateur est l'officier de la loge qui est le gardien de la loi et de la régularité maçonnique des travaux. Aucun vote ne peut intervenir sans son approbation. C'est un poste disposant d'un certain pouvoir stratégique, et par conséquent souvent convoité. Chaque fin d'année, il expose un rapport moral.

lité et de fraternité, comme celles qui ont permis, grâce à notre F.°. Schoelcher, l'abolition de l'esclavage. Puis grâce à d'autres F.F.°. ou S.S.°. députés ou membres de gouvernement, le divorce, puis le droit de vote pour les femmes, ensuite la pilule, et l'avortement, l'abolition de la peine de mort, et récemment le mariage pour tous. Bientôt, la possibilité pour chacun de mourir dans la dignité par la légalisation de l'euthanasie. J'ai dit, V.°. M.°.[1] ! »

Chacun y alla de son couplet vibrant, prenant la parole pour encenser la franc-maçonnerie, qui avait tant fait, et continuerait à tant faire, pour « *libérer* » l'humanité. Et ce « *bonheur* », qu'il soit appelé divorce, avortement, euthanasie ou mariage pour tous, est préparé en loge ! La méthode qui permet d'imposer l'idéologie maçonnique au niveau politique est toujours la même. Le débat, porté ou appuyé par un ou plusieurs courants maçonniques, émerge d'une analyse de situations critiques. On constate que, à ces situations critiques, la franc-maçonnerie propose des réponses qui vont toujours dans le sens d'une « *libération* ». C'est-à-dire d'une autonomie sans cesse exacerbée de l'individu et qui confond le libertaire avec la liberté. Puis, au cours des années, des décennies, voire des siècles, car la franc-maçonnerie travaille à une autre échelle que celle de la durée de vie de ses membres, les textes sont de plus en plus « ouverts » et finissent par réglementer des contextes relativement anodins. D'une particularité la franc-maçonnerie aura ainsi fait un principe universel. Il est important d'avoir conscience de ce processus. C'est ce qui a permis à de nombreuses lois d'être votées, lois qui sont loin de porter de bons fruits pour l'homme.

Le divorce

Le divorce et les diverses lois qui l'ont instauré en France depuis la Révolution française sont d'inspira-

1. Je cite de mémoire.

tion maçonnique. Adolphe Crémieux, instigateur sans succès d'un premier et infructueux projet de loi sur le divorce, était franc-maçon. Le projet fut ensuite porté par Alfred Naquet[1], proche des milieux maçonniques[2] et de gauche.

Il fut donc à nouveau présenté, puis accepté, après que l'opinion et le monde politique eurent été « mûris ». Le scénario est commun à toutes les « évolutions sociales » dont la franc-maçonnerie est à l'origine : un premier programme est parfois refusé ; l'opinion est ensuite progressivement influencée, « mûrie », par l'action des loges ; puis le projet est finalement voté.

Or, si les discours que l'on peut lire sur les différents comptes rendus de l'époque évoquent des situations de détresse ou de difficulté de règlement du patrimoine, il semble bien que l'objectif poursuivi par le député de gauche, auteur de la loi sur le divorce, fut plutôt la disparition de la famille. En effet, Alfred Naquet fut l'auteur d'un ouvrage à forte connotation anarchiste, publié en 1868 et intitulé *Religion, propriété, famille.*

Dans ce livre, le député faisait l'apologie de l'union libre et considérait, conformément à la doxa maçonnique qui prône la liberté individuelle la plus absolue, que « le mariage indissoluble est attentatoire à la liberté[3] ». C'est ainsi que la loi du 27 juillet 1884, dite loi Naquet, fut votée, qui autorisait le divorce pour faute, à la demande du mari ou de la femme[4]. De nos jours, le

1. Il n'est pas établi qu'Alfred Naquet, auteur du projet de loi, ait été franc-maçon.

2. Le frère d'Alfred Nacquet, Eliacin Naquet, fut initié au sein de la loge « Les Arts et l'Amitié ».

3. Laurent Kaupferman et Emmanuel Pierrat, *Ce que la France doit aux francs-maçons, et ce qu'elle ne leur doit pas,* First, 2012.

4. Cette loi sert de cadre au divorce depuis près d'un siècle et demi et n'a subi que des modifications quant à sa mise en œuvre. Initialement prévue en cas d'excès, de sévices, d'injures, elle a connu des aménagements notables, dans l'objectif d'un assouplissement toujours plus

divorce a tant été banalisé, et le mariage tellement désacralisé, que le divorce prévu par la loi Naquet est devenu, à l'heure où je rédige ces lignes, une simple formalité : « Le 4 mai 2016, les députés ont autorisé le divorce par consentement mutuel sans juge, avec le vote, mercredi, du projet déposé par le ministre de la Justice[1], dans le cadre de la réforme de la justice du XXIe siècle. Le Garde des sceaux a mis notamment en avant la “simplification” et la “pacification des relations entre époux” pour justifier cet amendement[2]. » Le divorce sera désormais exempté d'appréciation par un juge et simplement enregistré par un notaire ! Conçue au départ, comme toutes les lois maçonniques qui mettent en exergue des circonstances parfois douloureuses et finissent par traiter de situation quotidiennes, la loi sur le divorce autorise donc aujourd'hui que « le sort de l'enfant [soit] réglé par les notaires, comme on règle une succession matérielle[3] ». Afin de répondre à tous ces cas extrêmes, la loi a donc fragilisé à la fois les relations entre époux et le cadre sécurisant qu'elle offrait à l'enfant pour sa croissance. Aujourd'hui, je dois témoigner qu'il n'est même pas envisageable de critiquer en loge, surtout féminine ou mixte, le principe même du divorce, tant celui-ci est désormais gravé dans le marbre de nos lois maçonniques, et la liberté de parole limitée aux thèmes « maçonniquement corrects ».

---

grand, au point qu'au milieu du XXe siècle le divorce pouvait résulter de la simple altération des liens du mariage.

1. Jean-Jacques Urvoas, qui serait franc-maçon (quotidien breton *Breizatao* du 10 novembre 2014), a été invité, alors qu'il était député PS et chargé au sein de ce parti des questions de sécurité, le 6 juin 2011, à débattre à la loge « Mariane de l'An 1 » du Grand Orient de France, rue Cadet à Paris.

2. *Le Monde*, 5 mai 2016.

3. *Marianne*, 3 au 9 juin 2016, p. 56.

L'avortement

Lors d'un séjour en Espagne en avril 2015, j'ai observé que le débat sur l'avortement revenait sur le devant de la scène. Le ministre de la Justice espagnol de l'époque, Alberto Ruiz-Gallardón, avait proposé au gouvernement espagnol de Mariano Rajoy, en décembre 2013, un projet de loi reconnaissant à l'enfant à naître le principe d'un droit personnel à la vie, exception faite des cas de malformations congénitales. Mais la pression internationale, en particulier maçonnique, fit échouer ce projet.

Certaines sources journalistiques espagnoles m'ont affirmé qu'en contrepartie de l'abandon de ce projet de loi l'Espagne avait obtenu la présidence du Conseil de sécurité de l'ONU.

Ainsi, devant cette situation qui touchaient leurs *frères* et *sœurs* espagnols, la Grande Loge féminine de France et la Fédération Française du Droit humain publiaient un communiqué commun[1] : « La Grande Loge féminine de France et la Fédération française de l'Ordre maçonnique mixte international "le Droit humain" tiennent à exprimer leur solidarité aux S.S.°. de la Grande Loge féminine d'Espagne et de la Fédération espagnole du Droit humain qui nous alertent sur le recul majeur du droit des femmes dans leur pays. Le projet de réforme du droit à l'avortement, approuvé par le Conseil des ministres espagnol en décembre, substitue à ce droit une loi dite "de protection de la vie du fœtus et des droits des femmes enceintes" qui prive les femmes de la liberté de disposer de leur corps [...]. La Fédération française du Droit humain et la Grande Loge féminine de France appellent à soutenir [...] la défense des libertés et de la laïcité face à la pression des lobbies conservateurs et religieux. [...] elles appellent [...] à une forte mobilisation générale pour demander à l'Assemblée parlementaire du Conseil de l'Europe :

1. À voir sur www.glff.org.

« – d'"exhorter les États membres à protéger les femmes contre tout violation de leurs droits fondée sur la religion (*sic*)" »

« – d'inscrire le droit à l'avortement dans la "Charte des droits fondamentaux de l'Union européenne"[1]. »

Il faut savoir que la franc-maçonnerie est historiquement le grand défenseur de l'avortement puisqu'elle affirme et reconnaît être à l'origine des lois sur l'avortement : le Grand Orient de France indique en effet que l'obédience « était fidèle à toutes les actions qu'il a conduites dans le passé pour défendre […] le droit des femmes à l'avortement et à son remboursement intégral[2] ».

La lecture du communiqué précité des deux obédiences maçonniques nous permet de comprendre que la franc-maçonnerie a clairement choisi entre le droit de l'enfant à naître et celui de la mère à le lui refuser. C'est ainsi que la franc-maçonnerie considère que « la protection de la vie du fœtus prive le droit des femmes de disposer de leur corps ». Je n'ai jamais entendu exprimer par la franc-maçonnerie, notamment lors de débats en loge, que l'avortement a pour conséquence deux victimes : le fœtus et sa mère ! Trois, si l'on y ajoute le père ! Or il n'existe que des cas de conscience douloureux, et non pas un droit à l'avortement. Mais cela, je n'ai jamais pu le dire en loge de crainte de subir les foudres verbales de la plupart des *sœurs* et *frères*. Je n'ai jamais osé dire non plus

1. À titre indicatif, en France, la moyenne des avortements pratiqués pour la décennie 1999-2000 est d'environ 215 000 (Sedgh, Henshaw *et al.*, « *Induced abortion : estimated rates and trends worlwilde* », *Lancet*, 2007, www.thelancet.com/article/S0140-6736(07)61575-X/abstract). Si l'on estime que l'avortement est légalisé en France depuis 1975, soit quarante ans, et que l'on peut raisonnablement imaginer une moyenne de 100 à 200 000 avortements annuels, le nombre de vies supprimées en toute légalité s'élève donc entre 4 et 8 millions !

2. www.godf.org/index.php/actualité/details/liens/position/nom/prise-de-position, 14 janvier 2013.

que ce droit est devenu aujourd'hui un choix contraceptif, une contraception *a posteriori* dans de très, trop nombreux cas.

Pour la franc-maçonnerie, la loi résulte du seul contrat social, sans référence à un quelconque droit divin. Mais l'histoire démontre qu'une telle conception peut malheureusement aboutir à une politique de stérilisation contrainte de personnes « non conformes », « retardés mentaux », personnes sujettes à des troubles psychiques aux États-Unis entre 1900 et 1970, celles mettant en danger la « pureté de la race » dans l'Allemagne nazie, et tant d'autres dans divers pays tels que le Japon, le Pérou, la Suède. Ce fut le cas même en France, s'agissant de personnes handicapées mentales légères stérilisées illégalement à leur insu[1]. Une telle conception des lois pourrait même conduire parfois à leur suppression par euthanasie[2] !

Quoi qu'en disent les francs-maçons, avorter, ce n'est pas simplement se « débarrasser » d'un *amas de cellules* : l'embryon est indiscutablement une forme de vie : « Dès que le premier spermatozoïde fusionne avec l'ovule, ce dernier change la polarité de sa membrane, empêchant ainsi d'autres spermatozoïdes de fusionner. Durant les 12 prochaines heures, les 23 chromosomes du spermatozoïde se joindront aux 23 chromosomes de l'ovule et formeront ensemble un nouveau code génétique. C'est ce mélange, des gènes du père et de la mère, qui programmera l'élaboration d'un nouvel *être humain*[3]. » Dès les premières heures de la fécondation, une nouvelle personne

1. Nicolas HERVIEU, « CEDH, Gauer *et al.* c/ France », combatsdroitshomme.blog.lemonde.fr, 1er septembre 2011.

2. Ce thème est d'actualité puisque le sénateur et franc-maçon belge Philippe Mahoux a scandaleusement exposé en octobre 2015, au sein du principal Temple du Grand Orient de France à Paris, la possibilité d'étendre l'euthanasie aux personnes démentes, tout en regrettant que « l'opinion [ne soit] pas encore mûre pour cela (*sic*) ».

3. « Une nouvelle vie » (www.corpshumain.ca/NouvelleVie.php).

est véritablement apparue, *qui a commencé son existence, et sa vie*[1] !

Cependant, une lueur d'espoir est permise. Auparavant[2], la Cour européenne des droits de l'homme disait : « Il n'est pas souhaitable ni même possible actuellement de répondre dans l'abstrait à la question de savoir si l'enfant à naître est une personne au sens de l'article 2 de la Convention. » Elle éludait la question de fond en affirmant, à l'occasion d'un autre arrêt publié au Recueil – ce qui donne une autorité jurisprudentielle incontestable à cette décision –, qu'il n'existe pas pour autant un « droit à l'avortement » qui serait garanti par la Convention internationale des droit de l'homme, car « les valeurs nationales ont la primauté[3] ». Mais il faut savoir que, récemment, dans un arrêt le 27 août 2015[4], la même Cour a précisé que *l'embryon humain, s'il n'est pas encore une personne, n'est tout de même pas « une chose »* et que *sa protection est légitime.*

Ce qui n'empêche pas la plupart des obédiences maçonniques de soutenir l'avortement ou au mieux, pour certaines d'entre elles, plus « spiritualistes », d'observer un mutisme coupable. La Grande Loge féminine de France s'était félicitée et avait même salué une « avancée » en octobre 2012 lors du vote de l'Assemblée nationale pour le remboursement à 100 % de l'IVG pour toutes les femmes[5].

D'ailleurs, l'avortement figurait au titre de la mise en œuvre bénéfique d'une « utopie » enfin réalisée, comme

1. S'appuyant sur Tertullien, puis sur saint Augustin, l'Église considère que le fœtus possède, dès la conception, une âme, et par conséquent une humanité à part entière. Elle estimait dès le concile d'Elvire, en l'an 305, qu'« il est déjà un homme, celui qui doit le devenir ».

2. CDEH, 8 juillet 2004, req. n° 53924/00, Mme THI-NHO-VO c/ France.

3. CDEH, req. n°25579/05, A,B,C c/ Irlande.

4. CDEH, req. n° 46470/11, Parillo c/ Italie.

5. Communiqué de presse, Grande Loge féminine de France, 27 octobre 2012.

cela fut exposé dans la question sociale du convent 2014 de l'obédience du Droit humain[1]. Chaque année, les francs-maçons du Droit humain se voient soumettre, par leurs instances nationales, une question sociale à débattre. Chaque atelier formalise ainsi une synthèse des opinions exprimées par ses membres. Puis celle-ci donne lieu à des rapports régionaux qui sont alors à nouveau résumés en un document définitif, lequel est finalement exposé au plan national lors du convent. Ce rapport global fait l'objet ensuite d'une transmission au chef de l'État. Or la conception sociale de la franc-maçonnerie est fondée sur l'enseignement ésotérique qu'elle pratique. Ce qui signifie que ce qui sous-tend la plupart de nos lois, qui sont très souvent d'inspiration maçonnique, n'est rien d'autre, sur le plan de la philosophie politique, qu'une métaphysique occultiste !

Le mariage homosexuel

En remarque préalable, il convient de préciser que nous ferons une nuance fondamentale entre le désaccord avec le *mariage* entre personnes de même sexe, tel qu'il a été mis en œuvre en France par la loi du 17 mai 2013, et l'homosexualité, voire encore plus avec l'homophobie[2], qui est un délit pénal dont les auteurs doivent être condamnés. Au sens que si deux personnes de même sexe doivent bien être homosexuelles pour désirer se marier sous l'empire de cette loi, tout désaccord avec ce type de mariage ne signe pas obligatoirement une quelconque homophobie, contrairement à ce qu'ont voulu exprimer en utilisant la technique bien connue de l'amalgame, sorte de terrorisme intellectuel, ses partisans. La

1. Le convent est une assemblée générale que chaque obédience maçonnique organise annuellement.
2. L'homophobie, selon la définition donnée par le dictionnaire Larousse, est « le rejet de l'homosexualité, l'hostilité systématique à l'égard des homosexuels ».

question du mariage est particulièrement délicate sur le plan humain, et du respect que l'on doit aux personnes, quelles que soient leurs orientations sexuelles. Elle est complexe surtout en raison de la connotation essentiellement religieuse que porte ce terme de « mariage ». Mais elle a malheureusement été traitée d'une manière parfaitement idéologique par le projet de loi dit Taubira, alors qu'elle aurait nécessité une réflexion bien plus large, puisque le mariage homosexuel de 2013 participe d'une nouvelle conception du paradigme social. Car il n'est pas contestable que, depuis plusieurs millénaires, le « mariage » entre une femme et un homme a constitué une référence anthropologique constante. Et que l'extension d'une telle possibilité aux couples homosexuels signe un changement total de modèle sociétal. Car de même que l'hétérosexualité se différencie incontestablement, et par définition, de l'homosexualité, le *mariage* se distingue fondamentalement de l'*union*. Le terme de « mariage » est une référence fondamentalement hétérosexuelle, notamment sur le plan religieux. Alors que l'union résulte du choix des individus.

Sur cette question, il est intéressant de mentionner qu'il fut un temps où l'homosexualité n'était pas si bien vue par l'obédience du Grand Orient de France.

Cela se passait au début de mon parcours maçonnique, au sein d'une loge du Grand Orient que j'ai visitée alors que je n'étais que compagnon. Un homme jeune, à l'époque magistrat, avait été pressenti pour être initié. Je l'avais croisé dans mon milieu professionnel et nous avions parfois échangé quelques mots de courtoisie. Je fus donc présent aux prémices de son initiation, l'homme m'étant fort sympathique. Car j'avais remarqué sa photographie dans le parvis du Temple. En effet, une fiche est fixée durant quelques mois, de manière très visible, à l'entrée du Temple, comportant le portrait, l'identité, ainsi que la qualité professionnelle et l'adresse des prochains candidats à l'initiation. Cela permet aux francs-maçons d'être informés sur les éventuels prochains initiés de toutes les loges. Ils pourront ainsi ensuite visiter celles-ci afin d'y prendre la parole ou d'informer plus discrètement le Vénérable Maître, en donnant tout renseignement, favorable ou défavorable, sur le candidat. J'avais constaté que cet homme célibataire d'une trentaine d'années, aimable, discret et cultivé, était brillant. Il avait répondu si opportunément aux questions lors du « passage sous le bandeau » qu'il recueillit l'assentiment des *frères* du Grand Orient. Et puis, c'était de toute évidence une « recrue de choix » pour la loge. Un magistrat franc-maçon, quelle aubaine ! En effet, nombre de magistrats et d'avocats sont francs-maçons.

Mais un *frère* « délateur », au courant d'une particularité ignorée par la plupart, éclaira la loge, lors de la question posée rituellement par le Vénérable Maître afin de connaître si quelqu'un avait une précision à apporter juste avant les épreuves d'initiation, en révélant l'homosexualité du magistrat. Lors du vote qui suivit, ce fut une avalanche de boules noires ! L'initiation fut refusée et le Grand Expert dut en informer sur-le-champ le candidat. Lequel attendait, dans une autre pièce, avec l'impatience et l'émotion que l'on devine. Les raisons du refus de l'initier lui furent bien entendu précisées.

Il s'ensuivit un sinistre tohu-bohu : le candidat sortit en pleurs, soutenu par quelques amis, dont son parrain, tandis que les *frères* s'invectivaient en loge. La querelle fut acide entre « pro » et « anti », concernant le principe même de l'initiation d'un homosexuel ! Le différend, hautement « symbolique », portait sur une phrase du rituel qui stipule que l'accès à la franc-maçonnerie est réservé aux hommes de « bonnes mœurs » ! Telle fut la raison du refus d'initier cet homme. Pour le Grand Orient donc, à l'époque, les homosexuels n'étaient pas de bonnes mœurs.

Quelque vingt-deux ans plus tard, des francs-maçons, particulièrement de l'Ordre maçonnique mixte international « le Droit humain », n'étaient pas non plus d'accord avec le projet de loi dit du mariage homosexuel.

Ils s'exprimaient publiquement ainsi : « Ce qui me gêne profondément, c'est, symboliquement, d'employer le mot "mariage", issu de siècles d'une tradition d'origine sacrée et qui est d'essence hétérosexuelle[1]. » Mon cher ex-*frère* (ou *sœur*), qui vous exprimez dans ce blog, vous seriez donc, à en en croire les déclarations actuelles du Grand Orient, que nous découvrirons plus loin, un(e) « arriéré(e) » et un(e) « obscurantiste » !

De même : « Tous ces propos [...] sont très idéologiques, mais ne traitent malheureusement pas souvent des droits de l'enfant que l'on veut remplacer par le droit à l'enfant [...]. Quant aux propos du Droit humain en la matière, en tant que franc-maçon, je les trouve scandaleux[2] ! »

Pourtant, malgré ces dissensions internes, la franc-maçonnerie a joué un rôle non négligeable dans la conception, la promotion et l'adoption de la loi Taubira.

C'est que ces désaccords n'exprimaient que l'opinion, concernant cette loi[3], de la « piétaille », et non celle des hauts dignitaires maçonniques, dont certains membres du gouvernement !

C'est donc grâce à l'intervention directe, et à notre avis excessive, de la franc-maçonnerie dans un débat strictement politique et sociétal, notamment de ses dignitaires, auprès des dirigeants politiques, que la loi a pu être votée.

Une ex-ministre probablement franc-maçonne ?

Christiane Taubira avait présenté, au Conseil des ministres le 7 novembre 2012, son projet de loi sur le mariage homosexuel. Puis, cette même ministre de la Justice, Garde des sceaux, dont le rôle et la responsabilité

1. Yasfaloth, commentaire à l'article « Le Droit humain français et le Mariage pour tous », 19 décembre 2012, 21 h 37 (www.hiram.be/blog/2012/12/07/le-droit-humain-francais-et-le-mariage-pour-tous).
2. Pijou, *ibid.*, 13 décembre 2012, 16 h 24 et 11 h 33.
3. Loi n° 2013-404 du 17 mai 2013.

consistent pourtant plutôt en l'action et la gestion des juridictions et du fonctionnement du service public de la justice, a, étonnamment, soutenu ce projet devant l'Assemblée nationale le 29 janvier 2013. Concernant l'éventuelle qualité maçonnique de madame Christiane Taubira, elle est entourée d'un secret bien gardé, dans la mesure où celle-ci dément formellement être franc-maçonne. Cependant, certains frères et sœurs de Guyane m'avaient indiqué qu'elle faisait bien partie de la Grande Loge féminine de France. Il serait très surprenant qu'elle n'en fût pas, la plupart des élus territoriaux de Guyane que j'ai rencontrés, et appartenant comme elle à la gauche, étant francs-maçons.

Elle est d'ailleurs venue une douzaine d'années plus tard à Narbonne et a même donné une conférence au sein d'une loge du Grand Orient. Je ne m'y étais pas rendu car le thème, tout comme la présence de cette élue socialiste, à proximité d'élections nationales à l'époque, évoquaient à mon sens une « tournée des popotes » et m'avaient fortement déplu, en raison de son caractère ouvertement politique, et plutôt socialo-démagogique. Toute la gauche bien-pensante et maçonnique de la région narbonnaise et audoise, notamment nombre d'élus et de hauts fonctionnaires, s'était d'ailleurs rendue à la tenue du Grand Orient de Narbonne ce soir-là ! Ce qui pourrait donc bien laisser penser que notre ex-ministre de la Justice serait une *sœur* de la GLFF. Dans cet univers initiatique, il existe bien des secrets dans le secret ! L'idéologie de madame Taubira est en tous cas indiscutablement et particulièrement proche de la doctrine maçonnique.

La loi d'une minorité

En 2014, le mariage homosexuel a représenté 4 % du total des mariages en France[1]. La loi sur le mariage entre

1. Soit 10 000 mariages sur un total de 241 000 (source : le Figaro.fr, 13 janvier 2015).

personnes de même sexe a été promulguée au Journal officiel le 18 mai 2013. Elle est par conséquent entrée en vigueur à compter du 19 mai 2013. Mais il faut remarquer que le nombre de ces unions civiles homosexuelles amorçait déjà en 2014 une forte tendance à la baisse, et en 2015 il chutait de 24 %[1].

Il y a bien là une preuve que cette loi procède de la mise en œuvre d'une idéologie imposée à la majorité par une certaine minorité idéologue, plutôt que d'une véritable demande sociale. Démonstration également que la franc-maçonnerie œuvre, par la mise en œuvre d'utopies ésotériques qui lui sont propres, à établir le « bonheur de l'humanité », et ce bien malgré elle !

Les communiqués de la franc-maçonnerie

Le 9 novembre 2012, la Grande Loge féminine de France publiait sous le titre étrange de « Vers un mariage "homosexué" (*sic*)[2] », un texte par lequel elle soutenait « toute initiative qui va dans le sens de l'égalité des droits [...]. [Elle] espère que cette loi future protégera les deux conjoints et corrigera l'injustice (*sic*) ». Plus loin, l'obédience féminine expliquait : « Les franc-maçonnes de la GLFF étudient notamment sans préjugé aucun[3] les implications relatives à l'adoption et à la procréation médicalement assistée. Elles ont l'intention d'interpeller les parlementaires et de leur transmettre le fruit de leurs travaux. » Le Droit humain, pour sa part, a tenu « à faire entendre sa voix dans le débat [...] à propos du mariage pour tous », désapprouvant « les paroles haineuses, d'une bêtise et d'une violence insupportables, à la portée insidieuse, tenues par certains élus et par certains responsables reli-

1. *Le Figaro*, 13 janvier 2015, *La Dépêche* et *La Croix*, 19 janvier 2016.
2. www.glff.org/actualites/vers-un–mariage-homosexue—9-novembre-2012.html.
3. Nous aimerions souscrire à une absence de préjugé idéologique !

gieux opposés à ce projet de loi [...], [qui] réveillent une homophobie qui doit être réprimée sévèrement[1] ». Sans vouloir répondre à cette déclaration excessive, le Droit humain semble méconnaître la loi du 9 décembre 1905, dite de la séparation des Églises et de l'État. Il n'y est nulle part, et en aucun cas, interdit à l'une « des Églises », et par conséquent à l'Église catholique, de s'exprimer publiquement sur un point relatif à la société ou à l'être humain. Nous pourrions sans doute même affirmer que c'est là une obligation morale pour elle.

Le Grand Orient condamne les propos de l'Église catholique

Non seulement la franc-maçonnerie a très largement soutenu, sinon élaboré en amont, le projet de loi du mariage pour tous, mais elle s'est aussi crue, en cette occasion, autorisée à tenir des propos publics d'une violence rare à l'égard de l'Église catholique et de ses représentants.

J'en ai été, comme tant d'autres, passablement choqué. Dans une déclaration du 5 novembre 2012, une obédience très « laïque » s'exprimait ainsi : « Le Grand Orient de France condamne fermement les propos de l'Église catholique au sujet du projet de loi sur l'ouverture du mariage civil à tous les couples [...]. Ainsi, l'évocation, par le cardinal André Vingt-Trois, de "mutations profondes de notre législation qui pourraient transformer radicalement les modalités des relations fondatrices de notre société" témoigne de positions arriérées, voire obscurantistes[2]. » Cette déclaration militante des plus hautes instances du Grand Orient de France constitue une tentative outrancière de désinformation, comme on peut le constater à la lecture du texte de monseigneur Vingt-Trois.

1. Droit humain, communiqué public du 7 décembre 2012.
2. Grand Orient de France, communiqué public du 5 novembre 2012 (www.godf.org/index.php/actualité/details/liens/positions).

Cette agressivité à l'égard de l'expression publique de l'Église manifeste une totale absence de tolérance pour l'opinion d'autrui, lorsque celle-ci n'est pas « maçonniquement correcte ». Elle démontre bien, en outre, que les mots, notamment celui de « tolérance », n'ont pas le même sens pour la franc-maçonnerie et pour l'Église. Et qu'en réalité la franc-maçonnerie est « autocentrée » et ne tolère que sa propre conception du monde.

Professant que « toutes les idées et toutes les vérités se valent », dans une approche totalement relativiste de la réalité, elle veut faire de la tolérance une obligation morale. Mais, à l'évidence, s'estimant être la seule religion à pouvoir s'exprimer publiquement, elle refuse que s'appliquent les principes de tolérance à la doctrine de l'Église, qui divergent des siens !

La franc-maçonnerie, par l'intermédiaire de ses dignitaires, a œuvré à nouveau en secret, et toujours par simple idéologie « utopique ». Elle a obtenu que le « mariage pour tous » fasse de tous les pères et de toutes les mères de simples « parents » dont l'identité sexuelle officielle est aujourd'hui indéfinie. Le Code civil a été modifié au bénéfice d'une minorité et a éradiqué une large majorité de pères et de mères, qui se retrouvent désormais privés de leurs caractéristiques. Dire que, lorsque j'étais étudiant, on m'avait appris que la loi est l'expression d'une majorité politique !

Que l'on ne s'y trompe pas : cette modification cache une atteinte volontaire et secrète de la franc-maçonnerie à la famille telle qu'elle a été conçue traditionnellement. « Nous voulons aussi rappeler et souligner que la "tolérance humaniste" prônée par la franc-maçonnerie camoufle une volonté destructrice de la chrétienté[1]. »

1. Michelle D'ASTIER LE LA VIGERIE, « Libération de la franc-maçonnerie » (www.judeochretien.com/delivrance-liberation-franc-maconnerie.pdf), p. 11.

Notons tout de même l'exception de la Grande Loge nationale de France qui, si elle apparaît comme une institution initiatique fortement teintée de gnosticisme et d'occultisme, n'a jamais prononcé de déclaration anticléricale ni anticatholique. Cette obédience, qui ne se préoccupe nullement de politique, se consacre uniquement à une recherche ésotérique et se démarque d'ailleurs totalement des autres obédiences, comme notamment celles du Grand Orient de France, de la Grande Loge de France, de la Grande Loge féminine de France, ou du Droit humain, qu'elle considère comme parfaitement irrégulières et illégitimes.

L'euthanasie

À l'époque de la déclaration du président Hollande sur ce sujet[1], des discussions eurent lieu au sein de la loge à laquelle j'appartenais.

Une sœur, après avoir claqué dans ses mains et obtenu la parole, se mit debout, et « à l'ordre[2] », déclama, mi-théâtrale, mi-larmoyante, en commençant et en terminant par la formule rituelle d'usage :

« V.°. M.°., et vous tous mes S.S.°. et mes F.F.°. en vos grades et qualités[3], pour ce qui me concerne je veux choisir l'heure et la manière dont je vais mourir. Rien ne me serait plus insupportable que de me retrouver “branchée” à des machines, totalement dépendante et perdant ainsi toute ma dignité. Un franc-maçon est un être libre qui décide de son existence, et de sa mort. J'ai dit, V.°. M.°.[4]. »

1. Sur RTL, le 17 juillet 2012 (voir sur www.rtl.fr).

2. Un franc-maçon ne peut s'exprimer en loge s'il ne s'est pas mis « à l'ordre » du grade auquel se tient la tenue. Il s'agit d'une position proche du garde-à-vous militaire, qui doit être formellement conservée durant toute l'intervention orale.

3. Toute intervention en loge bleue doit débuter par cette formule rituelle...

4. ... et se terminer par cette phrase.

Une autre prit ensuite part au débat :

« V.°. M.°., et vous tous mes S.S.°. et F.F.°. en vos grades et qualités, on ne peut tolérer que des êtres humains puissent demeurer ainsi, dans les pires souffrances, à la fin de leur vie. Notre amour de l'humanité doit nous amener à permettre qu'il soit médicalement et sans douleur être mis fin à leur vie. Avec leur consentement bien entendu. J'ai dit, V.°. M.°. »

Un franc-maçon releva une objection :

« V.°. M.°., et vous tous mes S.S.°. et F.F.°. en vos grades et qualités, bien entendu l'euthanasie suppose la volonté du patient. Mais il existe sans doute des cas où le consentement ne peut être recueilli, par exemple en cas de coma. Comment faire ? Quelle serait la solution ? J'ai dit, V.°. M.°. »

Une sœur franc-maçonne et par ailleurs ardente militante de gauche s'exprima :

« V.°. M.°., et vous tous mes S.S.°. et F.F.°., un conseil comprenant des médecins et des parents du patient pourrait s'exprimer et donner son accord. Comme c'est le cas aujourd'hui pour éviter de poursuivre les soins dans une obstination déraisonnable. J'ai dit, V.°. M.°. »

Après nombre de prises de parole du même acabit, une dernière intervention fut acceptée par le Vénérable Maître, avant qu'un coup de maillet n'indique la clôture du débat :

« V.°. M.°., et vous tous mes S.S.°. et mes F.F.°. en vos grades et qualités, il est certain que notre société doit avancer toujours vers plus de progrès et d'humanité. Et l'euthanasie est une solution indiscutable à des situations douloureuses. C'est un acte d'humanité, un acte de charité. J'ai dit, V.°.M.°. »

On voit, dans cette discussion, comment le fond du débat n'est en rien abordé. L'idée de compassion et d'accompagnement de celui qui va mourir, sinon en mettant fin médicalement, prématurément et volontairement à ses jours, n'effleura même pas les participants. Les esprits étaient déjà anesthésiés par le travail subreptice et entrepris dans l'ombre.

La franc-maçonnerie travaille depuis longtemps à la légalisation de l'euthanasie

Je peux ici témoigner que, bien avant que le rapport sur la modification de la loi Leonetti ne soit élaboré, j'ai vu les loges travailler dans l'ombre sur un projet idéologique de légalisation de l'euthanasie.

La loi sur « la fin de vie » adoptée le 27 janvier 2016 était déjà formalisée dans une loge du Grand Orient en 2004… douze ans plus tôt !

Je dispose en effet d'une planche d'une loge du Grand Orient de France située à Cannes qui mentionne : « Toutefois mérite d'être envisagé le bien-fondé d'une variété d'euthanasie dite active qui consiste à hâter la mort, voire à la procurer de façon délibérée, par pitié ou par charité, lorsqu'elle est réclamée […]. Pour revenir à celui qui va mourir, plus que d'une euthanasie, parlons, sans hypocrisie aucune (*sic*), d'une sédation en phase terminale […]. L'individu revendique de mourir dignement puisque finalement il faut bien mourir un jour[1] ! »

L'auteur de la planche passait sournoisement sous silence l'utilité de la mesure létale pour soulager les souffrances et n'abordait absolument pas la question de soulager les douleurs du patient en fin de vie. Il en restait à une question purement idéologique, celle de pouvoir choisir sa mort et atteindre, sinon dépasser, la puissance de Dieu. Choix luciférien par son objet, et sa technique de propagation : « Rêvons un instant : imaginez-vous atteint d'une

1. J.°.-B.°. C.°. (médecin honoraire), Planche maçonnique, Loge du Grand Orient de France « Science et Solidarité », Orient de (située à) Cannes, 2004.

maladie incurable, terminale, *mais vous ne souffrez plus,* car le traitement antalgique "à la demande" est là et vous êtes sain d'esprit. *Pourtant vous en avez assez de ce bas monde.* [...] l'infirmière entre [...], un petit plateau à la main et, dans le plateau, une seringue, *la seringue*! Elle [...] plante l'aiguille [...] et alors elle vous regarde [...] et ses yeux ou ses lèvres posent la question : *On y va ? J'appuie sur le piston ?* Imaginez-vous cet instant[1] ! » Il ressort bien de ces propos cette volonté de toute-puissance et de maîtrise de sa vie jusque dans sa mort.

Des expressions maçonniques dans la loi

Au-delà de tout débat sur le fond, un aspect formel devra retenir notre attention. Cette « planche » démontre bien que les lois de notre République sont d'abord élaborées dans les loges comme en ont témoigné expressément plusieurs Grand Maîtres de loges de diverses obédiences. La planche maçonnique mentionne : « *sédation en phase terminale* ».

La déclaration de la GLFF[2] évoque quant à elle « le risque de décès pouvant intervenir à l'issue d'une "*sédation profonde*" ».

Et la discussion sur le projet de loi a explicitement utilisé des formulations identiques : dans le paragraphe 2.3.1, le rapport de présentation et le texte de la proposition de loi titrent : « Le droit à la *sédation profonde* et continue jusqu'au *décès en phase terminale* est créé. » Plus loin le paragraphe 2.3.1.2 précise : « La *sédation* est *profonde* et continue jusqu'au *décès*[3]. »

1. *Ibid.*
2. Audition parlementaire de la Grande Loge féminine de France en date du 8 octobre 2014, p. 1.
3. Rapport de présentation, texte de la proposition de loi de MM. les députés Alain Claeys et Jean Leonetti, créant de nouveaux droits en faveur des malades et des personnes en fin de vie.

Quant au texte étudié par l'Assemblée nationale, ses termes sont similaires. L'article 3 de la loi précise qu'« il est inséré[1] un article L.1110-5-2 ainsi rédigé : [...] à la demande du patient [...], une *sédation profonde* et continue [...] jusqu'au *décès* [...] est mise en œuvre [...]. La *sédation profonde* et continue [...] est mise en œuvre selon une procédure collégiale[2]. »

La terminologie précisément employée dans les divers textes maçonniques est entrée, à l'insu des profanes, dans les écritures législatives !

L'action des lobbies

Sous l'influence de certains « lobbies », le candidat Hollande avait mentionné cette question dans ses 60 engagements pour la France[3]. En 2012, le journal *Le Monde* publiait un article sur ce point : « Euthanasie : comment le PS a converti son candidat[4] ».

La doctrine du parti était précisée : « Pour le PS, la loi Leonetti et son principe du "laisser mourir", qui induit l'arrêt des traitements et la sédation du patient au risque d'entraîner la mort, est "hypocrite"[5]. » L'actuel Premier ministre de François Hollande, Manuel Valls, renchérissait : « L'opinion est mûre[6]. Il est donc important que la gauche fasse avancer les choses[7]. »

1. Dans le Code de la santé publique.
2. Assemblée nationale, n° 2887, enregistré à la présidence de l'AN le 23 juin 2015, Proposition de loi, créant de nouveaux droits en faveur des malades et des personnes en fin de vie, art. 3.
3. www.parti-socialiste.fr/articles/les-60-engagements-pour-la-France-le-projet-de-francois-hollande.
4. *Le Monde*, 6 février 2012.
5. *Ibid.*
6. Le terme « mûre » semble bien confirmer que l'opinion a été « préparée », « mûrie ».
7. *Le Monde*, 6 février 2012.

Cet ancien franc-maçon du GODF, qui sait y trouver de nombreux appuis par l'entremise de son ami de longue date Alain Bauer, a fait partie de ceux qui ont décidé le candidat Hollande : « Deux personnes ont surtout pesé : Manuel Valls et Laurent Fabius[1]. »

C'est que ce militant socialiste, plus tard ministre de l'Intérieur, puis Premier ministre, a été initié au sein d'une loge francilienne qui a pour nom : « Ni maîtres ni dieux », et qu'il a fréquentée pendant seize ans (de 1989 à 2005). À une époque, j'habitais la région parisienne. J'occupais les fonctions de directeur des services techniques dans une localité proche d'Évry, ville dont Manuels Valls a été le maire. Or la loge du Droit humain à laquelle j'appartenais avait son Temple à Évry. J'y avais rencontré un franc-maçon du Grand Orient venu nous visiter et qui, plus tard, me proposant de rejoindre les services de la mairie d'Évry, afin de « renforcer son équipe », m'avait avoué que la loge à laquelle appartenait Manuel Valls passait déjà pour une loge de rebelles auprès de la franc-maçonnerie elle-même[2].

La charte de cette loge du GODF pose comme principes que « l'homme sans dieux ne reconnaît pour valeurs que celles forgées par l'homme pour l'homme[3] » et, par ailleurs, que « l'homme sans maîtres ni dieux, disponible pour toutes les remises en cause, doit mettre ses énergies au service de la *construction des utopies*[4] qui assureront le progrès social de l'humanité […]. La franc-maçonnerie progressiste, fidèle à ses principes, doit être l'un des lieux privilégiés où s'élaborent les nouvelles utopies constructives qui féconderont les sociétés futures[5] ».

---

1. *Ibid.*

2. Voir en ce sens François KOCH, « La Lumière : le blog franc et maçon de *L'Express* », 19 mai 2015.

3. François KOCH, « Franc-maçonnerie : la charte de "Ni maîtres ni dieux", loge de Manuel Valls », *L'Express*, 23 mai 2015.

4. Souligné par l'auteur.

5. François KOCH, *loc. cit.*

Le soutien précieux de l'ADMD[1]

Le projet de légalisation de l'euthanasie est également soutenu par l'ADMD dont nombre de membres sont francs-maçons, à commencer par ceux de son comité de parrainage. Ainsi Patrick Kessel, journaliste, ancien membre de plusieurs cabinets ministériels et ancien Grand Maître du Grand Orient – ce dernier est connu pour avoir milité avec ardeur contre la venue du pape à Reims en 1996[2]. Ou bien Pierre Biarnès, membre du Grand Orient et sénateur, qui a déposé au Sénat deux propositions de loi en faveur de l'euthanasie en 1997 et 1999. Résumant sa philosophie, ce dernier explique : « Quel acte plus important pour un vivant que choisir sa façon de mourir ? L'homme n'est pas maître de sa naissance. Qu'il puisse l'être de sa mort[3]. »

Ce qui est gênant, ce n'est pas tant que des élus, des fonctionnaires, des intellectuels soient francs-maçons. Chacun dispose de sa totale liberté de conscience. Le véritable problème, c'est qu'ils soient, pour la plupart, francs-maçons avant tout, et alors même qu'ils n'ont été ni élus ni nommés en cette qualité. D'ailleurs non divulguée dans la plupart des cas, mais à laquelle ils donnent pourtant la priorité dans leurs idéaux et leurs actions : « Moi, je me réclamais d'abord de mes valeurs humanistes et laïques. J'étais un maçon au Parlement », assumait Henri Caillavet, du Grand Orient de France[4].

L'exception d'euthanasie

Là encore, la franc-maçonnerie dispose d'un réel savoir-faire pour faire avancer ou passer ses lois. Je l'appellerai la technique des « jalons », qui se fonde sur les excep-

1. Association pour le droit de mourir dans la dignité.
2. docteurangelique.forumactif.comt/12143-euthanasie-et-franc-maco nnerie.
3. *Ibid.*
4. Henri Caillavet, cité par « Euthanasie et franc-maçonnerie », *ibid.*

tions : « [...] nous proposons à la Fédération française de l'Ordre maçonnique International "le Droit humain" de [...] participer à une réappropriation sociétale de la mort par la société civile [...]. Au total, maintenir l'interdit, mais reconnaître une exception d'euthanasie[1]. » Car comme pour l'avortement, si l'euthanasie devait être légalisée pour des cas exceptionnels, elle deviendrait peu à peu, dans les vingt années à venir, et sous la pression de la franc-maçonnerie, la règle pour tous. Elle concernerait sans doute rapidement davantage les personnes lassées de vivre que les patients en fin de vie.

Fort heureusement, les manœuvres de la franc-maçonnerie ont pour l'instant échoué à faire admettre la légalisation d'une euthanasie effective en France. La loi Leonetti vient d'être modifiée, mais le texte n'est parvenu qu'à la frontière entre le « laisser mourir » et le « faire mourir ». Il faudra aux citoyens de ce pays, pauvres « profanes dans les ténèbres » aux yeux de la franc-maçonnerie, une vigilance accrue afin de prévenir l'action des lobbies maçonniques.

L'euthanasie au nom de la civilisation

La doxa maçonnique, même si elle s'appuie sur un préalable philosophique comme nous allons le voir, participe également d'un calcul financier : un médecin hospitalier m'a confié qu'une seule journée d'hospitalisation en soins palliatifs coûte approximativement cinq fois plus cher à l'administration qu'une euthanasie. Ce qu'il convient de bien comprendre, c'est que le débat sur l'euthanasie ne vise pas à élaborer une solution médicale nouvelle, mais à mettre en œuvre une véritable idéologie mortifère : « Quand nous aurons décidé l'euthanasie, alors

1. DROIT HUMAIN, « La fin de vie en question... Réflexions de la commission Bioéthique, Conclusion » (www.droithumain-France.org/contenu.le-droit-humain-dans-la-cite/bioethique).

nous aurons basculé dans un autre modèle de société », avertissait Jean Leonetti[1].

Pierre Simon, ancien Grand Maître de la Grande Loge de France, évoquait déjà les questions de la contraception et de l'avortement en des termes qui peuvent tout aussi bien s'appliquer aujourd'hui à l'euthanasie. Il affirmait : « Ce combat n'est pas seulement technique, mais philosophique. La vie comme matériau (*sic*), tel est le principe de la lutte[2]. »

De son côté, Henri Caillavet, homme politique et franc-maçon du Grand Orient de France[3], un des premiers parlementaires à avoir déposé un projet de loi sur l'avortement en 1951[4], qui fut député puis sénateur, avait déclaré lors d'une conférence au Cercle républicain, le 25 mai 1999 (soit 16 ans avant la promulgation de la loi) : « Nous devons avoir la possibilité de ne pas accepter une vie grabataire au même titre que l'on peut renoncer à une vie embryonnaire[5]. » Comme si le fœtus avait pouvoir de décision ! Quelle perversion dans l'argumentaire !

La position du Grand Orient de France s'exprime dans un communiqué en date du 28 janvier 2013 : « Une loi dite loi Leonetti [...] ne suffit plus[6] pour les francs-maçons du Grand Orient de France, l'euthanasie doit s'inscrire dans le mouvement de progrès (*sic*) et d'émancipation de l'homme face à sa destinée [...]. Une modification législative est préférable aux euthanasies clandestines et administratives, révélatrices de l'inégalité des patients devant

1. Dr Jean LEONETTI, député-maire d'Antibes, ancien secrétaire d'État, débat télévisé, M6, dimanche 16 novembre 2014.

2. Pierre SIMON, *De la vie avant toute chose*, éd. Mazarine, 1979, p. 13.

3. Initié en 1935 à la loge de Toulouse « Vrais amis réunis indépendance française ».

4. www.ichtus.fr/petit-voyage-au-cœur-de-la-nebuleuse-pro-euthanasie.

5. *Ibid.*

6. Cet argument est spécieux, puisque le problème en la matière est surtout celui de l'insuffisante application de la loi Leonetti.

les soins[1]. » On croirait entendre les arguments aux prémices de la loi sur l'avortement !

La Grande Loge féminine de France, quant à elle, se prononçait tout à la fois en faveur de la légalisation d'une « sédation terminale », du « suicide médicalement assisté » et de « l'euthanasie » : « L'euthanasie est un acte pratiqué par le personnel soignant administrant délibérément des substances létales [...]. La société a le devoir de créer, par la loi, les conditions les plus humaines possibles pour la fin de vie. Ces conditions sont un marqueur fort de civilisation (*sic*)[2]. »

Elle ajoute : « Nous sommes d'accord avec l'avis de la Conférence des citoyens déclarant que l'objectif de soulagement de la douleur doit primer [...] sur le risque de décès pouvant survenir à l'issue d'une sédation profonde[3]. » « Le suicide médicalement assisté : il nous apparaît indispensable aujourd'hui d'inscrire cet acte dans la loi, tout en encadrant strictement ces pratiques[4]. »

On relèvera ici à quel point cette déclaration maçonnique tendancieuse aime à mêler et entrecroiser les concepts. Et surtout comment elle forme un message subliminal en utilisant une structure sémantique où les mots se font écho par paires :

• Tout d'abord : « soulagement de la douleur », puis « décès ».

• Ensuite : « suicide / médicalement assisté », puis « strictement encadré ».

• Enfin : « euthanasie », puis « devoir, conditions humaines, marqueur de civilisation ».

1. Blog maçonnique, « Le GODF s'exprime sur l'euthanasie » (www.hiram.be/blog/2013/01/29/le-godf-sexprime-sur-leuthanasie).
2. Audition parlementaire de la Grande Loge féminine de France en date du 8 octobre 2014, p. 4.
3. *Ibid.*, p. 3.
4. *Ibid.*

Les concepts se répondent deux à deux. De telle manière qu'à celui qui inquiète répond un autre qui rassure ! Le mot « décès » correspond à celui de « soulagement de la douleur ». De même, « l'euthanasie » renvoie désormais à « marqueur de civilisation ». La technicité de la franc-maçonnerie dans la capacité de manipulation des consciences par l'articulation des mots dans leur formulation est plus qu'inquiétante ! Je connais bien ces techniques maçonniques pour en avoir été la victime !

Or la franc-maçonnerie, si l'on s'en tient au rituel de l'accession au grade de compagnon, déclare respecter « la vie sous toutes ses formes ». Lors de cette cérémonie, le Second Surveillant me donna l'enseignement ésotérique du quatrième « voyage » et de son « cartouche » :

« Les bienfaiteurs de l'humanité sont ceux qui, admirés ou anonymes, humbles ou glorieux, ont su utiliser leurs qualités pour aider au progrès de l'humanité. Par leurs paroles, leurs œuvres, leur exemple, *ils ont répandu les grandes idées de respect de la vie sous toutes ses formes,* de solidarité entre les hommes, de justice, de liberté, de fraternité et d'amour[1]. »

Cependant, la franc-maçonnerie promeut l'euthanasie ! Et c'est aussi précisément au nom d'une « valeur de civilisation » qu'elle veut aujourd'hui que le médecin assiste celui qui souhaiterait se suicider. Ou bien que le praticien mette délibérément fin aux jours du malade condamné par une maladie incurable ! Pourtant, une vie qui se termine peu à peu dans un service de soins palliatifs n'appartient-elle pas à « *la vie sous toutes ses formes* » ?

En réalité, ce qui irrite véritablement les « enfants de la Veuve » dans leur quête d'autonomie utopique, et qu'ils ne veulent pas avouer publiquement, c'est d'avoir à reconnaître que « l'homme ne connaît pas son heure »

---

1. *Rituel d'augmentation de salaire au grade de compagnon,* Droit Humain, p. 41.

(Qo 9,12) et de devoir accepter d'être ainsi soumis à la toute-puissance divine. Or la franc-maçonnerie veut avant tout des adeptes « libres », mais surtout « libérés ». C'est-à-dire « libérés » de Dieu.

L'euthanasie charitable

Il faut savoir que les traitements actuels sont très efficaces contre la douleur, y compris concernant des maladies très graves, ainsi qu'en témoigne le Dr Robert Twycross, praticien en médecine palliative : « En dernier lieu, l'insoutenable devient soutenable et, avec de l'expérience, de l'imagination et de la détermination, devient aisément possible dans à peu près 95 % des cas. Pour le restant, 5 % environ, il est plus difficile d'atteindre le même but, mais cela ne signifie pas que le malade "ne peut être aidé" [...]. Dans les cas extrêmes, les patients reçoivent une dose de sédatifs qui les garde endormis, jour et nuit s'il le faut, de façon à les préserver d'une souffrance physique ou d'une détresse mentale intolérable. Personne n'a besoin de mourir en agonisant. Il n'est pas nécessaire de légaliser l'euthanasie "charitable" pour que cette demande soit satisfaite[1]. » On ne peut être plus clair !

Pour ce qu'il en est de mon expérience, au sein d'une aumônerie catholique, j'accompagne spirituellement, depuis quatre ans, chaque semaine, des personnes en soins palliatifs. Leurs pathologies sont très lourdes et toujours mortelles à brève échéance. Je n'ai connu qu'un cas pour lequel le traitement analgésique a eu pour contrepartie une accélération du décès, selon la théorie médicale prévue par la loi Leonetti du « *double effet* ». En revanche, je n'ai jamais rencontré de patient en soins palliatifs (soit, sur cette période, plusieurs centaines de personnes) qui souhaitait véritablement être euthanasié. Jamais !

1. Comité protestant évangélique pour la dignité humaine, Débat du 30 septembre 2003 (voir sur www.cpdh.org).

Vers l'euthanasie des enfants, des déments et des malades mentaux ?

Avec l'adoption d'une « *sédation profonde en phase terminale* », la franc-maçonnerie est consciente d'avoir avancé, même très peu, sur la voie de la mort administrée volontairement en fin de vie. Elle prépare déjà, toujours dans le secret de ses loges, une évolution encore plus importante et troublante, preuve que l'euthanasie légale est déjà décidée pour demain par les initiés. Alors même que celle des adultes n'est pas encore effective, le Grand Orient de France tient celle-ci pour acquise prochainement et réfléchit déjà, et depuis peu, à *l'euthanasie des enfants et des personnes démentes* !

C'est ainsi qu'au principal Temple parisien de l'obédience, situé rue Cadet, l'institution maçonnique tenait le 3 octobre 2015 une tenue blanche ouverte[1], à laquelle était convié comme conférencier Philippe Mahoux, chirurgien, franc-maçon et sénateur à Namur (Belgique)[2].

Président du groupe socialiste du Sénat de Belgique depuis plus de quinze années et inspirateur de la loi de 2002 sur l'euthanasie, auteur de l'extension législative de 2014 permettant l'euthanasie des enfants en Belgique, cet homme, franc-maçon avant d'être homme politique, y déclarait que la mort administrée aux enfants atteints d'une maladie estimée incurable participait d'une

1. Il s'agit d'une réunion-débat, qui se déroule dans un Temple maçonnique, où l'exposant peut-être franc-maçon ou profane, et à laquelle peuvent être acceptés, sur invitation strictement personnelle, des profanes (invités sur recommandation des francs-maçons qui les connaissent). En cette occasion, les francs-maçons présents sont vêtus « en civil », de manière à ce que leur appartenance ne soit pas dévoilée, et seuls quelques officiers, dont bien entendu le Vénérable Maître qui préside la séance, portent simplement le « cordon » signifiant leur office (mais ni tablier ni gants).
2. « Les francs-maçons de France initient le débat sur l'euthanasie des enfants », 13 octobre 2015 (www.infochretienne.com).

« démarche humaniste [...]. Un geste ultime d'humanité, qui est un geste de vie (*sic*)[1] ».

Pour le franc-maçon et sénateur belge, la modification de la loi Leonnetti est très insuffisante, même s'il reconnaît explicitement qu'elle ouvre une voie directe à l'euthanasie et ne fait qu'en camoufler l'appellation : « La sédation profonde, pour certains patients, c'est appeler l'euthanasie différemment, mais ça ne va pas assez loin[2]. »

Selon lui, il faut offrir la possibilité d'euthanasie à des personnes atteintes de démence. Mais il reconnaît en même temps que « l'*opinion n'est pas encore mûre* pour cela[3] ». Daniel Keller, Grand Maître médiatique du Grand Orient de France, prit alors la parole et s'est « félicité (*sic*) que [...] [*l'euthanasie*] des enfants ait été discutée en ses murs », car « nous avons vocation à prévoir le monde de demain[4] », ajoutant qu'il faisait le souhait d'« un monde sans dogmes (*sic*)[5], dans lequel l'individu est souverain[6] ». Comme si son obédience n'était pas, en préparant pour « demain » l'euthanasie légale des enfants et des déments, en train d'amorcer l'induction législative d'un dogme maçonnique, inspiré par une conception métaphysique et ésotérique sur la fin de vie, ou sur la notion d'utilité, voire de légitimité, de la vie !

Mais jusqu'où iront donc la folie et l'orgueil transgressif et sordide de l'homme ?

---

1. Arthur MERTENS, « Exclusif : Le Grand Orient de France planche déjà sur l'euthanasie des enfants », 6 octobre 2015 (www.famillechretienne.fr/politique-societe/bioethique).
2. *Ibid.*
3. *Ibid.*
4. *Ibid.*
5. Il faut bien entendu traduire par : « Un monde sans autres dogmes que les dogmes maçonniques, y compris celui de l'adogmatisme, en tant que dogme qui s'impose comme nécessaire à la "libre pensée". »
6. Arthur MERTENS, *loc. cit.*

Des lois issues de la doctrine ésotérique de la franc-maçonnerie

L'immixtion de la franc-maçonnerie et de sa doctrine dans les débats de société est antilaïque, cette institution étant une véritable religion, bien qu'elle s'en défende[1] ! Et même antidémocratique : elle n'est ni élue ni représentative de la population de France. Chaque année, les francs-maçons, notamment du Droit humain, étudient une « Question sociale à l'étude des loges ». Les synthèses des loges des différentes obédiences sont transmises aux plus hauts niveaux politiques de notre pays. Il faut également tenir compte des rapports informels que les hauts dignitaires de la franc-maçonnerie, notamment ceux du Grand Orient, entretiennent avec les pouvoir politiques, différents parlementaires ou hauts fonctionnaires. La Grande Loge féminine de France dispose même d'une représentation officielle auprès des instances politiques européennes, l'Institut maçonnique européen de la GLFF.

La conception sociale de la franc-maçonnerie est fondée sur l'enseignement ésotérique et occulte découlant de la Tradition initiatique, tout comme la conception sociale de l'Église repose sur les Évangiles. J'ai très couramment entendu dire, lors de planches, de débats ou de discussions diverses en loge, que la dimension sociale de la franc-maçonnerie puise ses sources dans son symbolisme occulte. Les idéologies se fondent toujours sur une conception métaphysique, même implicite ou inconsciente, de la société. Cela signifie donc sans conteste que ce qui sous-tend nos lois d'inspiration maçonnique n'est rien d'autre qu'une métaphysique occultiste !

Par exemple, concernant l'avortement ou l'euthanasie, la franc-maçonnerie considère que la vie n'est qu'un éternel recommencement : tel est le sens de la lettre G au centre de l'Étoile flamboyante, qui signifie « Génération » ;

1. Voir *J'ai frappé à la porte du Temple*, *op. cit.*, p. 182-183.

ou celui de la mort du compagnon, candidat à la maîtrise, et de la transmutation de celui-ci en maître lors de la cérémonie d'élévation à ce grade ; ou encore celui de la célébration par les loges des deux cérémonies solsticiales, qui ne sont que la sublimation de ce renouvellement perpétuel ; ou enfin celui de de l'acronyme INRI au 18e degré, qui démontrerait, selon l'enseignement alchimique de la franc-maçonnerie, que la nature se renouvellerait par elle-même. Une vie finissante ne serait donc rien d'autre que la préparation d'une vie nouvelle, dans laquelle l'individu s'efface derrière un Être global, rappelant l'Être suprême des Montagnards de la Révolution de 1789.

S'agissant du divorce, ou du mariage, la franc-maçonnerie n'accorde aucun caractère sacré à l'union de l'homme et de la femme. Pour elle, la formation d'un couple est l'expression contractuelle de deux personnes. Le relativisme impliquant que ce qui est vérité serait contingent, alors l'amour peut être déclaré de manière provisoire. Et forcément « réversible ». Les exemples sont multiples qui démontrent le lien entre le symbolisme ésotérique et la conception sociale de la franc-maçonnerie.

L'encyclique de Léon XIII

Par tous ces exemples, nous pouvons nous apercevoir que la condamnation de la franc-maçonnerie par l'Église catholique, réitérée maintes fois depuis la première bulle pontificale de Clément XII *In eminenti apostolatus* (1738) jusqu'à la confirmation de l'incompatibilité pour un catholique d'appartenir à cette institution par le cardinal Joseph Ratzinger, préfet de la Sacrée Congrégation pour la doctrine de la foi, par décret du 26 novembre 1983, approuvé par le saint pape Jean-Paul II, est parfaitement fondée. L'un des textes pontificaux les plus précis en la matière reste l'encyclique du pape Léon XIII.

Les considérations d'*Humanum genus* soulèvent tout d'abord le cadre général de la duplicité de la franc-maçonnerie : « Si grandes, en effet, que puissent être parmi les hommes l'astucieuse habileté de la dissimulation et l'habitude du mensonge, il est impossible qu'une cause, quelle qu'elle soit, ne se trahisse pas par les effets qu'elle produit : *un bon arbre ne peut pas porter de mauvais fruits, et un mauvais n'en peut pas porter de bons*[1]. » « Il s'agit pour les francs-maçons – et tous leurs efforts tendent à ce but – de détruire de fond en comble toute la discipline religieuse et sociale qui est née des institutions et la civilisation chrétienne, et de lui en substituer une nouvelle, façonnée à leurs idées, et dont les principes fondamentaux et les lois sont empruntées au naturalisme [...]. Nous ne prétendons pas appliquer toutes ces réflexions à chacun de leurs membres pris individuellement. Beaucoup ignorent le but final que ces sociétés s'efforcent d'atteindre [...]. Ils nient que Dieu soit l'auteur d'aucune révélation. Pour eux, en dehors de ce que peut comprendre la raison humaine, il n'y a ni dogme religieux, ni vérité, ni maître en la parole de qui [...] on doive avoir foi[2]. »

L'encyclique développe également un chapitre sous le titre « Haine violente de la franc-maçonnerie à l'égard de l'Église[3] ». J'en ai expérimenté la réalité dans l'exemple des déclarations du Grand Orient de France et du Droit humain, notamment en 2012 et 2013, citées précédemment au sujet du projet de loi pour le mariage entre personnes de même sexe. De même, je ne compte plus le nombre de tenues auxquelles j'ai assisté comme visiteur au sein de loges du Grand Orient, ou bien lorsque certains de ses membres étaient venus visiter mon atelier du Droit humain, qui se terminaient par l'acclamation, fort courtoise : « Vive la République, et à bas la calotte ! »

1. Léon XIII, Lettre encyclique *Humanum Genus* (20 avril 1884), Téqui, 2007, p. 13.
2. *Ibid.*, p. 13-14.
3. *Ibid.*, p. 16.

S'agissant de l'hédonisme comme doctrine maçonnique, le pape indique, sous le titre « Graves conséquences de cette erreur dans le domaine des mœurs », qu'« en un mot tout est mis en œuvre pour satisfaire l'amour du plaisir, avec lequel finit par se mettre d'accord la vertu endormie[1] ». Et pour ce qui est du mariage, avec près d'un siècle et demi d'avance, l'encyclique indiquait, sous le titre « Attaque contre le mariage » : « La franc-maçonnerie ne considère plus le mariage que comme un simple contrat et approuve le divorce et l'union libre », et détaillait : « Le mariage n'est qu'une variété de l'espèce des contrats; il peut donc être légitimement dissous à la volonté des contractants [...]. Dans l'éducation des enfants, il n'y a rien à leur enseigner [...] en fait de religion. C'est l'affaire de chacun, lorsqu'ils seront en âge, de choisir la religion qu'il leur plaira[2]. »

Enfin, sous l'énoncé « Activité des francs-maçons dans les États » et le sous-titre « Intrigues auprès des princes et des chefs d'État », le pape dénonçait déjà l'interventionnisme politique et les manœuvres de la franc-maçonnerie : « Les princes? Les francs-maçons se sont insinués dans leur faveur sous le masque de l'amitié, pour faire d'eux des alliés et de puissants auxiliaires, à l'aide desquels ils opprimeraient plus sûrement des catholiques[3]. »

Pour conclure, ne faut-il pas nous rendre à l'évidence, au terme de l'exposé, de l'analyse et du témoignage qui viennent d'être faits, corroborés par de nombreux documents, et penser avec le pape Léon XIII, et bien d'autres, que, « certes, dans un plan si insensé et si criminel, il est bien permis de reconnaître la haine implacable dont Satan est animé à l'égard de Jésus-Christ[4] » ?

---

1. *Ibid.*, p. 23.
2. *Ibid.*, p. 24.
3. *Ibid.*, p. 32.
4. *Ibid.*, p. 26.

III
Une société initiatique

La Chaîne d'union maçonnique

Comme nous l'avons vu, les symboles maçonniques sont des portes ouvertes sur un monde invisible, connu des seuls initiés. Car ces symboles ne sont pas décoratifs du Temple, ou simplement évocateurs. Ils ont une portée effective. Ils œuvrent à la fois par eux-mêmes et par le dialogue entretenu avec le franc-maçon qui les étudie et les utilise. Ils « forment » l'esprit des francs-maçons. C'est donc bien parce qu'elle est essentiellement « symbolique » que la franc-maçonnerie est initiatique. Car, pour elle, le symbole est un langage grâce auquel la Tradition se transmet. Le signe est le moyen par lequel l'initié se forme et surtout se transforme. C'est pourquoi le rituel maçonnique ne saurait fonctionner que grâce au symbolisme qu'il utilise. Nous n'évoquons pour notre exposé que quelques symboles, choisis en vertu de leur puissance initiatique, c'est-à-dire occulte. Mais tous les symboles maçonniques recèlent pareille énergie et pourraient faire l'objet d'une analyse similaire. Le Pavé mosaïque, dont les effets ont été développés, est le symbole qui fonde et transmet la notion de « relativisme ». C'est pourquoi nous l'avons choisi, en ce qu'il est central au sein de la doctrine maçonnique. Mais d'autres symboles ont une importance aussi déterminante, telle la « Chaîne d'union ».

Le rituel de la Chaîne d'union

En tant que franc-maçon, j'ai régulièrement intégré la Chaîne d'union maçonnique, un moment incontournable de la tenue maçonnique. C'est un rituel qui se déroule à la fin de la réunion et qui veut imiter, sinon parodier, la communion de l'Église catholique. Sauf qu'il ne s'y déroule aucune Eucharistie et que les adeptes ne s'unissent absolument pas avec le Christ. Il s'agit d'une pratique magique, hermétique, qui relie les francs-maçons à l'esprit du Maître défunt, Hiram.

Dès que la cérémonie d'initiation est terminée, le nouvel apprenti est appelé à partager les liens fraternels qui unissent les francs-maçons dans cette chaîne ésotérique. Cet appel est formalisé. Le Vénérable Maître déclame :

« Mes S.S.°. et mes F.F.°., je vous invite à former la Chaîne d'union. »

Les francs-maçons se lèvent et quittent alors leur siège. Ils ôtent leurs gants blancs, car ceux-ci empêchent l'énergie fluidique de circuler par les mains. Puis ils s'installent sur l'espace situé entre les colonnes et se disposent en cercle autour du Pavé mosaïque et des trois piliers qui représentent la force, la beauté et la sagesse.

En réalité, le cercle est ovalisé. Cette forme a pour objet de reprendre celle de l'œuf, qui contient symboliquement la vie en puissance. D'autre part, elle est liée à celle de l'orbite elliptique de la Terre autour du Soleil. Les francs-maçons croisent leurs bras sur la poitrine et tendent leurs mains, chacun vers son voisin, de manière spécifique : le bras droit sur le gauche, la main droite paume vers le sol et la main gauche paume vers le haut. Tous les francs-maçons se retrouvent ainsi liés par les mains, comme les maillons d'une chaîne.

Le Vénérable Maître est placé au pied de sa chaire, dos à l'Autel des serments sur lequel sont posés le compas et l'équerre, ainsi que le livre (soit les Constitutions de l'obédience, soit la Bible, pour certaines obédiences). Le Vénérable Maître reprend alors :

« F.°. (ou S.°.) Gr.°. Exp.°., notre Chaîne d'union est-elle formée ? »

Le Grand Expert répond :

« V.°. M.°., le F.°. (ou la S.°.) nouvellement initié(e) n'est pas dans notre Chaîne d'union.

– Mon F.°. (ou ma S.°.) Gr.°. Exp.°., veuillez inviter notre nouvel(le) initié(e) à se joindre à nous », demande le Vénérable Maître.

En réalité, l'invitation est implicitement impérative. En effet, la participation à la Chaîne d'union est obligatoire, y compris pour les *frères* ou *sœurs* visiteurs n'appartenant pas à l'atelier. Lors d'une initiation, le Grand Expert invite le nouvel apprenti à rejoindre la Chaîne et lui montre comment placer ses mains et ses bras, ainsi que ses pieds, joints par les talons et disposés en équerre. L'officier indique alors :

« V.°. M.°., notre F.°. (ou S.°.) nouvellement initié(e) est maintenant solidement soudé(e). »

Le Vénérable Maître peut alors confirmer solennellement le lien qui scelle l'appartenance du nouvel apprenti à la Chaîne maçonnique :

« Mes S.S.°. et mes F.F.°., notre Chaîne d'union vient de s'enrichir d'un nouveau maillon qui y a été solidement soudé par notre At.°. En cette heureuse occasion, rapprochons encore davantage nos cœurs en même temps que nos mains. »

Le Vénérable passe alors à la déclaration solennelle prévue dans le rituel en dehors de toute cérémonie d'initiation, car la Chaîne d'union a systématiquement lieu a chaque fin de tenue maçonnique :

« Cette chaîne nous unit en dehors de l'espace et du temps. Le monde des apparences retient nos corps prisonniers dans ce Temple où nos bras sont enlacés. Mais nos esprits sont libres au-delà de ses murs, au-delà des frontières et au-delà des mers. Minuit vient de sonner. S.S.°. et F.F.°. visibles et invisibles, présents par le corps ou par la pensée, nous veillerons ensemble sur le sommeil des hommes. S.S.°. et F.F.°. qui m'entendez, nous sommes les gardiens d'un très ancien secret qui s'allume dans le cœur fraternel de l'humanité à son berceau. Il n'y a qu'un seul amour : celui des vivants et celui des morts, celui du travail et celui de la beauté, celui des hommes et des femmes, celui de la nature et celui de ses lois. Dans un monde où règnent la matière, la force et le mensonge, nous faisons le serment de toujours maintenir lumineuse et droite la flamme de l'amour unique et de l'esprit humain. Rompons cette chaîne, mes S.S.°. et mes F.F.°., nos cœurs resterons unis.

– Au nom de toutes les S.S.°. et de tous les F.F.°., je le promets », répond le Grand Expert, clôturant ainsi cette partie du rituel.

Les francs-maçons secouent alors ensemble trois fois les bras, leurs mains demeurant réunies. Puis la Chaîne d'union se défait et chacun regagne sa place pour la continuation du rituel de fin de tenue maçonnique.

La première fois que j'ai participé à cette cérémonie, au début de l'année 1989, j'ai trouvé ce moment de la tenue émouvant, exaltant, magnifique ! Même s'il faut avouer que je me suis senti presque captif. En effet, la position des pieds en équerre, des bras croisés et des mains les unes dans les autres aboutit à une posture contraignante : je ne pouvais quasiment plus bouger, jusqu'à ce que les mains se délient. J'étais prisonnier de ces mains qui me tenaient et de ces épaules qui touchaient les miennes. J'étais donc « pris », comme un maillon dans une chaîne.

C'est que la Chaîne d'union exerce, au-delà de ses caractéristiques matérielles, une véritable force énergétique. Presque une contrainte.

La force énergétique de la Chaîne d'union

Bien des années après mon initiation, je devais expérimenter la force énergétique de ce rituel, alors même que je venais de clore ma première tenue comme Vénérable Maître. Il m'appartenait donc de présider la Chaîne d'union. J'ignore totalement comment s'opéra le phénomène ésotérique que je ressentis physiquement, sinon par la circulation effective des fluides dont fait état Oswald Wirth. S'agissant des effets de la Chaîne d'union, cet auteur précise : « En réalité, la pensée vibre en dehors des individus [...]. S'il en est ainsi, toute loge maçonnique devient un atelier où des penseurs s'exercent à travailler en commun [...]. C'est une pensée tonalisée, dont les ondes trouvent écho en tout cerveau réceptif[1], c'est-à-dire accordé à vibrer avec justesse[2]. »

Je vécus alors une réalité sensible. À peine le Vénérable Maître que j'étais avait-il donné le signal afin que tous secouent leurs bras trois fois que je fus parcouru d'un frisson qui me fit vibrer des pieds jusqu'à la tête. Ce fut plutôt violent, et cela s'apparenta quasiment à une décharge électrique.

Je n'en parlai à personne, pas même aux anciens initiés, tant j'en fus troublé. Et même inquiet. Pendant plusieurs années, le phénomène se reproduisit, même alors que j'occupais d'autres fonctions d'officier dans d'autres loges. À tel point que je l'attendais, car je savais quand il interviendrait : immédiatement après que nous secouions trois fois nos bras pour clore rituellement la chaîne. Ce n'était toutefois pas systématique. Quelques rares fois, il ne se passa rien. La puissance de cette énergie incontrôlable me surprenait néanmoins en chaque occasion où elle se manifestait.

---

1. Exclusivement celui des initiés.
2. Oswald Wirth, *Le symbolisme occulte de la franc-maçonnerie*, Dervy, 1993, p. 94.

L'appel à des forces qui dépassent

« Apparemment, la Chaîne d'union incarne un concept très altruiste, et pour cette raison même très séduisant : celui de la fraternité des êtres humains[1]. » Mais ce n'est pas si simple. Car, en franc-maçonnerie, il existe toujours une réalité troublante derrière une apparence troublée. C'est d'ailleurs là une clef déterminante pour le décryptage du symbolisme maçonnique : le symbole est la forme sensible d'un réel caché et invisible. Il recouvre, et occulte, toujours quelque chose. Il ressemble à un « mille-feuilles » sans fin.

Un ancien franc-maçon des hauts grades du REAA, qui a quitté la franc-maçonnerie au 18e degré, a lui aussi parfaitement saisi l'aspect magique de ce rituel : « Certains rituels comportent une intention magique et l'intention magique la plus importante, c'est celle qu'on exerce lorsqu'on fait la Chaîne d'union à la fin d'une réunion de loge[2]. »

La position des bras et des mains permet par conséquent la transmission de l'énergie. Et la main droite, paume vers le bas, est une main qui donne, tandis que la gauche, paume vers le haut, est celle qui reçoit[3].

C'est ainsi qu'Oswald Wirth confirme ces effets et cette nature magiques dans un chapitre intitulé « Puissance magique » : « La Chaîne d'union est effective pour tout adepte sincère ayant réalisé l'équilibre : 8[4] reçoit dans

1. Jean ONOFRIO, *La Chaîne d'union*, La Maison de vie, 2006, p. 5.
2. Maurice CAILLET, interview à Radio Courtoisie, 10 février 2013.
3. Voir en ce sens planche maçonnique « La Main », Grand Orient de France (www.ledifice.net/6034-3.html).
4. Le signe 8, placé en réalité horizontalement – ∞ –, est le symbole mathématique de l'infini. Il faut avoir en mémoire que la franc-maçonnerie, notamment du REAA, puise une partie de son occultisme dans le pythagorisme. La position des bras des participants à la Chaîne d'union, croisés sur leur poitrine, symbolise la boucle du 8 horizontalisé. Lorsqu'Oswald Wirth évoque que « 8 reçoit dans la mesure où

la mesure où il donne, en bénéficiant du courant qu'il a su établir en la transmettant[1]. » Mais que reçoit et donne l'adepte ? Un fluide magnétique dont il est question dans de nombreuses pratiques magiques ou occultes, issu d'une puissance, d'une énergie, cosmique et supérieure. Là se trouve l'explication des manifestations fluidiques soudaines et puissantes que j'ai ressenties. Or la mise en œuvre des forces fluidiques est généralement, en matière de magie, le moyen de communiquer avec l'au-delà.

Nombre de francs-maçons, y compris des maîtres et des officiers, n'ont aucune conscience de ce à quoi ils participent et quels sont les effets de cette union occulte. Les francs-maçons réunis en Chaîne d'union font appel à des forces qui les dépassent. Mais ils peuvent y participer sans même en ressentir les effets. Tels des instruments passifs. Ils peuvent parfois n'en être jamais affectés, ou bien uniquement avec le temps…

Mais dans tous les cas, même s'ils n'y sont pas sensibles, les francs-maçons se relient psychiquement entre eux et constituent une personne collective. Ou plutôt cette « personne », qui n'est autre que le Maître Hiram, prend appui sur l'énergie fluidique du groupe afin de se réincarner.

Redonner vie à Hiram

Par ces propos : « Sachons donc nous associer corps et âme à la chaîne des volontés transmutatrices […], vivons pour l'œuvre[2] », je voyais bien que, durant l'opération de la Chaîne d'union, les francs-maçons disparaissaient en tant qu'individu pour incarner une personne com-

---

il donne », il veut indiquer que les branches du 8 sont formées par les bras de chaque participant. C'est ainsi que leur main et leur bras gauche reçoivent, alors que leur main et leur bras droit donnent, l'énergie fluidique parcourant la Chaîne.

1. Oswald WIRTH, *La franc-maçonnerie rendue intelligible à ses adeptes*, t. III : *Le maître*, *op. cit.*, p. 205.

2. *Ibid.*, p. 196.

mune, supérieure et qui les sublime. Par cette opération alchimique, je passais donc, par diverses techniques, d'un corps d'une nature vile à un autre corps possédant une nature noble : celui d'Hiram, le franc-maçon idéal et idéalisé. Hiram reprenait alors vie sur le substrat collectif que constituait la Chaîne, comme cela sera expliqué plus loin. Hiram, le Maître de la franc-maçonnerie, se réincarnait alors par l'énergie créée par nos fluides mis en commun !

« [...] La Chaîne d'union, au cours de laquelle les *frères* réunissent leurs énergies », permet qu'ils se « mettent en liaison avec les *frères* passé à l'Orient éternel [les *frères* décédés][1]. » C'est donc un procédé spirite qui a pour effet une communication avec les défunts, afin d'en obtenir la puissance : « La pratiquer, c'est faire surgir l'énergie lumineuse qui nourrit les frères et leur permet de participer à l'Œuvre[2]. »

Je constatai donc un jour que cette pratique alchimique permettait d'évoquer, par des procédés occultes, une énergie, un fluide destiné à redonner vie, à travers le corps des francs-maçons rattachés au « Maître » dans la Chaîne d'union, c'est-à-dire à Hiram, ainsi qu'en atteste un commentaire sur la cérémonie d'élévation à la maîtrise : « Formons une chaîne vivante autour de ce cadavre et, pour le ranimer, mettons à l'œuvre les suprêmes ressources de l'Art[3]. » C'est ainsi que les francs-maçons de tous grades, y compris donc les apprentis lorsque la tenue a lieu au premier degré, qui forment la Chaîne et se joignent par leur présence et leur fluide au Vénérable Maître, ne font pas simplement vœu de « maintenir lumineuse et droite la flamme de l'amour unique et de l'esprit

1. Pierre DANGLE, *Le livre de l'apprenti*, La Maison de vie, 2001, p. 121.
2. *Ibid.*, p. 122. L'Œuvre est la dénomination de l'action alchimique visant à la transmutation du plomb en or.
3. Oswald WIRTH, *op. cit.*, p. 98. L'Art est une autre dénomination de l'alchimie. Voir en ce sens planche maçonnique « L'Art royal », Loge « Appolonius de Tyane », Grand Orient de Suisse, Genève (www.ledifice.net/7009-2.html).

humain ». Derrière cette formule d'apparence spiritualiste et bienveillante, ils œuvrent, au sens alchimique du terme, et la plupart du temps à l'insu des moins initiés, à la réincarnation du Maître Hiram.

Car c'est bien Hiram qui se réincarne en une personne unifiant l'ensemble des personnalités individuelles franc-maçonnes : « Par la célébration de la Chaîne d'union, une loge engendre une personne communautaire dont les facultés de perception dépassent de beaucoup la somme des individus qui la composent[1]. »

Il faut noter que le lien ésotérique entre Hiram et les francs-maçons participant à la Chaîne d'union s'installe dès la première participation à ce rituel, à savoir dès la fin de la cérémonie d'initiation. C'est ainsi que l'apprenti devient en quelque sorte imprégné, habité. Or le commerce avec les esprits de l'au-delà, fût-ce celui d'Hiram, relève du spiritisme. La pratique consistant à communiquer avec les esprits des défunts est dénoncée par l'Église catholique comme étant de nature maléfique. D'ailleurs, « la magie, la voyance et les autres pratiques visant à développer des connaissances ou pouvoirs occultes sont toujours des pactes implicites, des contrats avec le démon[2] ». Et comme le prévoit le rituel, la Chaîne d'union est pratiquée à la fin de chaque tenue, cela sans discontinuer dès la cérémonie d'initiation, qu'elle perpétue d'une certaine manière : « L'alchimie de la Chaîne d'union, c'est ainsi de faire vivre le moment de la cérémonie d'initiation où l'être que l'on initie est accueilli dans la Chaîne d'union fraternelle[3]. »

Un auteur relève le risque résultant de la pratique la Chaîne d'union : « Et pourtant, à peu près tous les historiens de la franc-maçonnerie, qu'ils soient de la Grande Loge de France, comme Jean-Pierre Bayard, ou du Grand Orient, comme Bruno Étienne, savent et évoquent volon-

1. *Ibid.*, p. 123.

2. Père Jean-Baptiste, *op. cit.*

3. Jean Onofrio, *op. cit.*, p. 79.

tiers le véritable danger qu'il y a de négliger les *effets qui peuvent être provoqués* par une évocation [...], par une demande intense et collective de frères [...] au cœur d'une Chaîne d'union[1]. »

D'une certaine manière, la Chaîne d'union établit également un lien invisible mais réel, indéfectible et universel, entre les francs-maçons vivants ou décédés. De la même manière que les corps sont enlacés lors de ce rituel, les psychismes se retrouvent reliés à tous les francs-maçons, ainsi qu'à Hiram, et cela dans une sorte d'osmose. La participation à cet acte magique n'est donc pas sans conséquence. Le fluide qui circule alors au travers des corps et des esprits agit ainsi comme un aimant qui attire et retient par le moyen de son magnétisme : « Marius Lepage a excellemment exposé les principes essentiels qui font de la Chaîne d'union autre chose qu'un simple geste sans portée. Il écrit : "Les rites [...] joignent le visible à l'invisible. Ils constituent le lien fluidique qui unit le corps maçonnique constitué à l'esprit maçonnique dégagé des loges matérielles"[2]. »

La Chaîne d'union est donc un procédé magique. Nous verrons que la connaissance des tarots, qui sont l'une des références ésotériques de la franc-maçonnerie, notamment dans les hauts grades, permet aussi de comprendre le lien entre ce rituel et l'influence luciférienne.

Le tarot et la Chaîne d'union

Le tarot a été présenté comme une voie initiatique par de nombreux occultistes francs-maçons. Éliphas Lévi, occultiste renommé, qui fut alchimiste, rosicrucien et franc-maçon, « fit une étude approfondie des tarots[3] ». D'autres francs-maçons, tels Papus ou Arthur Edward

1. Jean-Luc MAXENCE, *L'Égrégore, l'énergie psychique collective*, Dervy, 2003, p. 113.
2. Jules BOUCHER, *op. cit.*, p. 337.
3. Valery SANFO, *Le monde secret des tarots*, De Vecchi, 2007, p. 9.

Waite, rendirent public le lien entre la kabbale et les tarots. Et « les anciens francs-maçons faisaient reposer leur œuvre sur trois grands piliers nommés sagesse, force et beauté, en l'honneur d'antiques déesses auxquelles les imagiers du Moyen Âge ont consacré trois des vingt-deux compositions allégoriques du tarot[1] ».

Le tarot est en effet « un alphabet des initiés[2] ». J'ai observé, tout au long de mon parcours initiatique, que de nombreuses notions maçonniques étaient illustrées par des « lames » du Tarot. Tel est le cas par exemple du Compagnon, qui « est comparé à un empereur trônant sur un cube d'or[3] » et qui correspond à l'arcane IV : « Dans le tarot de Visconti, le septième arcane est celui du Chariot, le Char du Soleil, emportant dans les hauteurs [...] le nouvel initié [...], reconnaissable à ses signes distinctifs : la couronne d'or, la robe sacerdotale[4]. »

Les symboles numérologiques de la franc-maçonnerie renvoient également au tarot : « Mais comme douze ferme le cercle, treize s'en trouve exclu, d'où le caractère néfaste attribué à ce chiffre, auquel le tarot associe l'image de la Mort[5]. » En ce qui concerne le nombre quatorze, la franc-maçonnerie l'établit comme figurant « la circulation générale [...], l'arcane XIV du tarot représente, en effet, la Tempérance[6] ».

Quant à l'arcane XII : « Le Pendu du tarot exprime bien cette réalité initiatique de l'homme retourné[7]. » Et

1. Oswald WIRTH, *La franc-maçonnerie rendue intelligible à ses adeptes*, t. I : *L'apprenti*, *op. cit.*, p. 156.

2. Oswald WIRTH, *La franc-maçonnerie rendue intelligible à ses adeptes*, t. II : *Le compagnon*, *op. cit.*, p. 41.

3. *Ibid.*, p. 114.

4. Julien BEHAEGHEL, *Le maître franc-maçon et la mort symbolique*, La Maison de vie, 2005, p. 106.

5. Oswald WIRTH, *La franc-maçonnerie rendue intelligible à ses adeptes*, t. III : *Le maître*, *op. cit.*, p. 217.

6. *Ibid.*, p. 218.

7. Julien BEHAEGHEL, *op. cit.*, p. 95.

moi, j'avais été initié, comme c'est le cas dans de nombreux rites, avec une corde de pendu autour du cou ! Or l'homme retourné est celui qui a la tête en bas et qui ne regarde plus vers les cieux, mais vers les enfers. En langage ésotérique, cela signifie que cet homme est possédé par le démon, ou bien sous son influence directe. La franc-maçonnerie dévoile ici les conséquences de la participation à la Chaîne d'union et de l'entrée laissée ouverte au démon.

Enfin, pour l'arcane XV, qui représente le Diable, Valéry Sanfo, expert sur ce sujet, fait remarquer que « le bras droit du Diable est tatoué de l'inscription "*Solve*" et le bras gauche de l'inscription "*Coagula*[1]". Ces deux termes latins évoquent le mouvement de l'énergie qui se dissipe [...] du bras droit [comme pour la main droite dans la Chaîne d'union, la main droite est celle qui donne] et qui est captée par le bras gauche [de manière identique à ce qui intervient dans le rituel de la Chaîne d'union, la main gauche reçoit] pour être coagulée[2] ».

Éliphas Lévi nous en donne une définition précise, comme étant « les deux étapes fondamentales du processus alchimique, associant dissolution (*solve*) et recomposition (*coagula*) [...]. L'opération est réalisée dans l'obscurité, grâce à l'association du soufre et du mercure, deux principes antagonistes[3] ».

Cette expression « *Solve et Coagula* » se retrouve dans le rituel du passage au 30e degré de la franc-maçonnerie. Ce grade est le plus élevé dans la hiérarchie de la maçonnerie symbolique, les 31e, 32e et 33e degrés étant administratifs et réservés à la direction de l'ordre. C'est ainsi que la franc-maçonnerie vise à amener les francs-maçons les plus aptes

---

1. Il s'agit d'une formule alchimique souvent reprise en franc-maçonnerie et employée notamment lors de la cérémonie d'élévation au 30e degré des hauts grades.
2. Valéry SANFO, *op. cit.*, p. 42.
3. Éliphas LÉVI, *Secrets de la magie*, Robert Laffont, 2000, p. 1033.

à diffuser son idéologie, à l'intérieur comme à l'extérieur des loges, à détruire (*solve*) pour reconstruire (*coagula*).

Il s'agit là de la mise en œuvre effective de l'utopie maçonnique, c'est-à-dire celle qui invite chaque franc-maçon, dès le grade de maître, à porter au-dehors les enseignements secrets découverts dans les loges : « "*Solve et coagula*" [...]. Détruire l'ordre naturel et surnaturel pour tenter de réaliser une utopie contre-nature, tel paraît bien être le but auquel tend visiblement la franc-maçonnerie[1]. »

En d'autres termes : détruire la morale et les références sociales de l'Église catholique afin d'imposer une morale et des références relatives, contingentes, fluctuantes, construites et non pas révélées, ainsi remplacées par un modèle maçonnique.

En page 158 de son livre, Éliphas Lévi inscrit « *solve* » et « *coagula* » sur les bras de Baphomet – une idole mystérieuse vénérée par les Templiers[2], dotée de deux ailes de plumes noires dans son dos, sorte d'inversion de l'attribut des anges. Baphomet possède aussi une tête et des cornes de bouc. Or, dans le Nouveau Testament, le bouc est indiscutablement associé au mal et au diable (cf. Mt 25,32-34.41). Il faut savoir que Baphomet est l'un des symboles indispensables à toute célébration satanique[3]. D'ailleurs, on retrouve une statue de Baphomet dans le Temple satanique de Détroit, aux États-Unis[4].

1. Arnaud DE LASSUS, *Connaissance élémentaire de la franc-maçonnerie*, Action familiale et scolaire, 1985, p. 39.

2. Éliphas LÉVI, *op. cit.*, p 1016.

3. Jérôme COLIN, Planche maçonnique « Le diable et le satanisme expliqué aux francs-maçons », 23 avril 2012 (hautsgrades.over-blog.com/article-le-diable-et-le-satanisme-expliques-aux-francs-maons-118536723.html). L'auteur de cette planche y exprime notamment que, pour l'Église, « même Dieu ne peut racheter le diable, n'est-ce pas la preuve de l'égalité de ce diable et de Dieu » ?

4. bigbrowser.blog.lemonde.fr/2015/07/28/le-temple-satanique-de-detroit-devoile-son-imposante-statue-de-baphomet.

Tout cela, les apprentis et les compagnons l'ignorent totalement. Certains maîtres le devinent à peine. La plupart des francs-maçons des hauts grades le comprennent. Et ceux des plus hauts grades le maîtrisent. Pour ma part, j'avais entrevu, et ensuite bien assimilé, l'aspect occultiste et spirite de la franc-maçonnerie, et plus particulièrement de la Chaîne d'union. À l'époque, comme pour beaucoup de francs-maçons, l'aspect occulte de la franc-maçonnerie ne me posait pas de problème. Il me fallut retrouver la foi, être touché ensuite par la tendresse de Marie, afin de discerner une imprégnation diabolique dans le rituel maçonnique.

La franc-maçonnerie conduit, par ses interprétations et ses références, à Lucifer, comme nombre de pratiques occultes ou magiques. C'est essentiellement aussi une porte ouverte à d'autres activités ésotériques : « Nous considérons donc ici la magie comme péché de l'homme et comme porte ouverte au diable[1]. »

---

1. Père Jean-Baptiste, *op. cit.*, p. 92.

IV
Je découvris que la franc-maçonnerie est une religion luciférienne

Fête de la Saint-Jean

La franc-maçonnerie pratiquant le Rite écossais ancien et accepté, c'est-à-dire la plupart des obédiences sur le plan mondial, et en particulier celle, internationale, du Droit humain, a coutume de marquer certaines périodes. Le début de l'année maçonnique, à l'automne, sa fin, en juin, et les solstices d'hiver et d'été sont célébrés. Concernant ce dernier, il a lieu aux alentours de la Saint-Jean, vers le 24 juin, et cela ne doit rien au hasard, toutes les loges se revendiquant de « la loge de Saint-Jean ».

Dès le rituel d'apprenti, il est fait référence à saint Jean lors du *tuilage*[1] à ce grade. L'une des questions, posée par le Vénérable Maître, est la suivante :

« Mon F.°., d'où venez-vous ? »

1. Interrogatoire concernant tout ou partie des mots secrets, mots de passe, mots sacrés, et destiné à vérifier la qualité maçonnique et le grade, avant de laisser donner l'entrée à la loge. Cette pratique n'a plus cours que pour les candidats aux cérémonies d'augmentation à un nouveau grade, ou bien pour les visiteurs inconnus.

La réponse de l'apprenti doit impérativement être, quasiment au mot près :

« De la L.°.[1] de Saint-Jean, V.°. M.°. »

Dès le grade d'apprenti, j'ai admis, par ignorance tout autant que par influence de l'enseignement maçonnique, que saint Jean était un *initié*! Je dois avouer également qu'au début de mon chemin ésotérique, parmi tous les symboles et les rites occultes que je découvrais, la référence à saint Jean m'avait rassuré : c'était le disciple que Jésus aimait. Dans le *mémento* du grade d'apprenti, la franc-maçonnerie ne dédaigne pas poser ce qui devait m'apparaître plus tard comme des contre-vérités. C'est ainsi que l'on m'avait expliqué, quand j'étais apprenti, que « notre institution dérive, en effet, des confraternités de Saint-Jean, titre que portaient au Moyen Âge les corporations constructives[2] ». Or, la filiation de la franc-maçonnerie avec les constructeurs de cathédrale est fictive, ou résulte tout au plus d'un emprunt de symboles réalisé au XVIIIe siècle, ainsi que l'affirme l'un des plus éminents historiens en la matière, franc-maçon lui-même : « Cette confusion des genres [est] évidemment caricaturale […] : ainsi de la filiation continue avec les maçons opératifs du Moyen Âge[3]. »

Mais il y a encore une interprétation plus erronée au sein de la franc-maçonnerie : « On a en outre voulu voir dans saint Jean le Janus des Latins. Ce Dieu à double visage symbolisant le principe permanent, pour qui le passé et l'avenir ne font qu'un[4]. » J'ai naïvement adhéré à cette affabulation. Je fus en effet, comme chaque franc-maçon, et dès le grade d'apprenti, imprégné par ce « catéchisme maçonnique », comme sont nommés les *mémentos* des divers grades.

1. « Loge ».
2. Oswald WIRTH, *La franc-maçonnerie rendue intelligible à ses adeptes*, t. I : *L'apprenti*, *op. cit.*, p. 25.
3. Roger DACHEZ et Alain BAUER, *op. cit.*, p. 83.
4. Oswald WIRTH, *op. cit.*, p. 25.

Or, en réalité, le prénom Jean n'a aucun lien étymologique avec le latin *Janus*. Jean provient du latin *Johannes*, qui lui-même trouve sa racine dans le grec *Ioannès*, lequel a son origine dans l'hébreu *Jeho* ou *Yeo*, qui est la contraction de YHWH, Yahveh ou Jéhovah, c'est-à-dire Dieu. Associé au terme hébreu *hanan*, c'est-à-dire « miséricordieux », *Jehovah hanan* signifie littéralement : « Dieu accorde », ou mieux dit : « Dieu fait grâce ».

Quant à Janus, dieu romain des commencements et des fins, des choix, du passage et des portes, il provient du latin *janua*, qui désignait la « porte d'entrée », et a ainsi donné son nom au mois de janvier. Cela se traduit en franc-maçonnerie par la Saint-Jean d'été (en juin) qui marque la décroissance de la lumière et par la Saint-Jean d'hiver (qui remplace Noël en décembre dans sa mythologie), date du retour et de la croissance de la lumière.

L'imposture maçonnique vient ici de loin et la plupart des francs-maçons actuels n'en sont pas responsables. Ils ont simplement été abusés par la déconstruction sémantique ! Il est vrai que la consonance entre *Janus* et *Jean* est *a priori* séduisante, mais elle est uniquement formelle.

À un autre niveau, saint Jean est l'initié par excellence pour les francs-maçons : je devais apprendre lors de ma dernière année au sein des hauts grades, par un ami ancien franc-maçon et qui m'en confia les rituels, comment le 18e degré des hauts grades, dénommé le Chevalier Rose-Croix, déforme la Parole de Dieu telle qu'elle est conservée par l'Église : « Pour nous, ce saint Jean, fêté le 24 juin par des feux très païens, est intéressant dans le contexte “gnostique”, en confirmation de ce qui vient d'être dit : d'après certains auteurs, saint Pierre symboliserait l'Église “extérieure” et saint Jean l'Église “intérieure[1]”; aussi a-t-on voulu voir dans le vocable de saint Jean utilisé par la

1. Comme s'il pouvait exister deux Églises catholiques ! Sinon par une tentative stratégique du « Diviseur » c'est-à-dire Satan.

maçonnerie la preuve évidente de son rattachement à la gnose[1]. »

Par ailleurs, s'agissant de saint Jean, et afin de trouver une justification à sa théorie selon laquelle l'apôtre aurait été « initié » aux secrets de la Tradition primordiale, notamment par l'ésotérisme égyptien, la franc-maçonnerie, au terme d'une analyse aussi acide qu'erronée, considère au 18e degré des hauts grades que son Évangile a été falsifié par l'Église dans le sens où le terme *logos* ferait référence non pas au Dieu des chrétiens, mais au dieu Thot des Égyptiens.

Une parodie d'Eucharistie

Il se trouve que le début et la fin de l'année maçonnique sont marqués par des cérémonies de départ et de retour de la « lumière ». Ainsi, à la fin de l'une de ces cérémonies, se déroule un rituel qui pourrait sembler rassurant à un chrétien, mais qui, à l'analyse, se révèle être une caricature de l'Eucharistie : l'apprenti le plus récent et le maître le plus ancien de la loge viennent se placer de part et d'autre de l'Autel des serments et procèdent au partage du pain. Ils en distribuent chacun de son côté une miche que se répartissent tous les francs-maçons présents, afin que tous les membres de la loge « communient ».

Je fus plus que troublé lorsqu'en cette occasion le Vénérable Maître, récitant le rituel à la lettre, remercia « Lucifer, Astre du matin », de porter « la lumière » à la franc-maçonnerie, celle-ci étant ensuite amenée à la transmettre à l'humanité. Je m'interrogeai parce que, jusque-là, je n'avais jamais véritablement prêté attention à cette référence diabolique. Je m'inquiétai de cette gloire rendue

1. C. Bergerac, Planche maçonnique « Alchimie et gnose au 18e degré » (hautsgrades.over-blog.com/article-alchimie-et-gnose-au-18eme-degre-du-reaa-106692286.html).

au prince de ce monde. Pendant les agapes, je m'adressai donc en aparté au Vénérable Maître :

« Je suis très étonné par cette évocation de Lucifer ! En appeler à un démon est plutôt surprenant, n'est-ce pas ? C'est particulièrement troublant !

– Je comprends ton émoi, me répondit-il, mais, en réalité, Lucifer n'est pas le démon que tu crois. Bien au contraire ! C'est l'Église qui a travesti la réalité (*sic*). Lucifer veut dire "le porteur de lumière". Et quand on sait à quel point l'Église catholique peut être obscurantiste, il ne faut pas s'étonner qu'elle ait relégué cet ange bienfaiteur au rang de démon ! Lucifer est un ange bienfaisant que nous, francs-maçons, devons prendre comme modèle. Comme les francs-maçons, il apporte la connaissance au monde. Tu le comprendras plus tard si tu accèdes aux hauts grades. »

Je fus rassuré. Après tout, pensai-je, si, comme m'en avait convaincu un haut gradé de la franc-maçonnerie, le pape était un des « mauvais compagnons » coupables d'avoir assassiné Hiram, et si l'Église refusait à l'homme la lumière qu'il souhaitait, alors il n'y aurait rien d'étonnant à ce qu'elle stigmatise Lucifer et l'habille abusivement des habits du démon.

Ma culture théologique étant de surcroît quasiment nulle à l'époque, je pensais que Satan était le diable, et Lucifer un personnage différent, probablement un ange, et non pas le prince des démons. Mais, plus tard, lorsque je commençais à m'interroger sur la compatibilité entre mon chemin maçonnique et ma foi qui renaissait, je décidai d'en avoir le cœur net. Et je fis des recherches. Je voulais comprendre et savoir. Par ailleurs, dans les hauts grades, tout devenait trop ambigu. Et paradoxalement de plus en plus clair. Ayant perdu toute confiance en ce que l'on me disait en loge, je cherchais et je pris connaissance d'un texte, certes antimaçonnique, qui reconnaissait la franc-maçonnerie comme une religion luciférienne : « Dans le *Adelphi Quarterly* (magazine du Nouvel Âge) 3e,

1992, page 7, il est écrit que la franc-maçonnerie a été formée comme une école de la fraternité luciférienne[1]. » Je décidai aussi de revoir les écrits d'auteurs érudits et francs-maçons. Je lus dans un ouvrage d'Oswald Wirth qu'il citait ses références : « Ragon, Éliphas Lévi, Albert Pike et surtout Goethe m'ont instruit par leurs écrits[2]. » Des occultistes ! Il m'apparut qu'Albert Pike, franc-maçon du 33e degré, avait occupé les fonctions de Grand Commandeur du REAA pour le sud des États-Unis durant plusieurs décennies. Or il aurait entretenu des liens étroits avec le Ku Klux Klan. Et ce dignitaire franc-maçon, parmi les plus importants, avait également été luciférien !

J'appris que ce Très Illustre Frère de la franc-maçonnerie avait précisé et confirmé l'emprise de Lucifer sur la franc-maçonnerie : « La religion maçonnique doit être, par nous tous, initiés des hauts grades, maintenue dans la pureté de la doctrine luciférienne. Car le Dieu Lucifer (*sic*) de la théurgie moderne n'est pas le démon Satan de la vieille goétie. Nous sommes Rethéurgistes Optimates, et non praticiens de la magie noire. La magie a été enfantée par Adonaï, calomniateur de Lucifer. Si Lucifer n'était point Dieu, Adonaï et ses prêtres le calomnieraient-ils ? Oui, Lucifer est Dieu ; et malheureusement Adonaï l'est aussi [...]. La réalité scientifique du dualisme divin est démontrée par les phénomènes de la polarité et par les lois universelles [...] et la vraie et pure religion philosophique, c'est la croyance en Lucifer, égal d'Adonaï, mais Lucifer Dieu de la lumière et Dieu du bien, luttant pour l'humanité contre Adonaï, Dieu des ténèbres et Dieu du mal[3]. »

---

1. Cité dans www.ledifice.net/7194-1.html.
2. Oswald WIRTH, *La franc-maçonnerie rendue intelligible à ses adeptes*, t. III : *Le maître*, *op. cit.*, p. 13.
3. Albert PIKE, cité par Mgr Léon MEURIN, s.j., archevêque de Port-Louis, *La franc-maçonnerie, synagogue de Satan*, Victor Retaux, 1893, p. 216.

Il faut savoir qu'Adonaï est bien l'un des noms du Dieu des chrétiens. L'exégèse biblique ne permet aucun doute sur ce point. La traduction d'André Chouraqui, dont chacun s'accorde à relever la conformité hébraïque avec le texte biblique d'origine, utilise pour nommer Dieu le nom « Adonaï ». Adonaï est bien le nom du Dieu d'Abraham, Dieu chrétien, car, « dans ce passage, ce n'est pas l'Éternel Jéhovah qui est utilisé, ni El Saddaï qui se révèle à Abraham. Mais le mot hébreu utilisé ici est Adonaï ou "Jéhovah, mon Maître"[1] ». Ce nom de Dieu est un nom qui s'oppose diamétralement à celui de Satan : « Prononcer le nom d'"Adonaï" annonce au monde que vous avez été racheté [...]. Satan et toute sa cohorte sont donc avertis que vous n'appartenez plus à l'ennemi, mais à l'Éternel ! [...] Lorsque vous déclarez Adonaï, les démons fuient ! Adonaï fait référence à notre appartenance à Dieu[2]. »

Lucifer, glorifié comme un dieu !

La franc-maçonnerie inverse donc le dogme chrétien, et renverse le bien et le mal par son propre dogme maçonnique : elle fait indiscutablement du diable son dieu, son Grand Architecte de l'Univers, un bienfaiteur, et voudrait faire du Dieu chrétien l'artisan du mal !

De la plupart des conversations que j'ai pu avoir en loge, tout comme des nombreuses planches que j'ai pu entendre ou me procurer, il ressort que la plupart des francs-maçons considèrent, par erreur, que Lucifer est soit « l'Étoile du matin », soit « le porteur de lumière ». Et que ces deux dénominations sont perçues comme des appellations allégoriques d'une entité bienfaisante : « Lucifer en latin signifie porteur de lumière[3]. » « Lucifer est un ange

1. Benny Hinn, *Les noms de Dieu*, Parole de foi, 2011.
2. *Ibid.*, p. 50-51.
3. Planche maçonnique « L'Étoile du matin » (www.ledifice.net/6088-5.html).

"porteur de lumière" qui fut déchu, pour avoir gêné (*sic*) Dieu[1]... » Lucifer est d'ailleurs symbolisé dans le rituel par l'Étoile flamboyante que l'apprenti découvre en devenant compagnon. À un moment de la cérémonie d'accès à ce grade du second degré, le Vénérable Maître allume l'étoile en face du candidat et déclare :

« Cette étoile qui s'offre à vos regards, nous l'appellerons l'Étoile flamboyante. Elle oriente le Comp.°.[2] dans sa démarche initiatique[3]. »

Plus loin, le Premier Surveillant ajoute :

« Mais, selon les rites et les croyances, différentes interprétations en ont été données, telles que Gravitation, Génération, Génie, Gnose. Par leur symbolisme, ces différentes notions nous ramènent à la conception de l'Harmonie[4]. »

Or, des adeptes, comme des détracteurs, de la franc-maçonnerie confirment que Lucifer est symbolisé par le G situé au centre de l'Étoile flamboyante avec laquelle il se confond. Ainsi : « En franc-maçonnerie, l'Étoile du matin *est* l'Étoile flamboyante avec le G en son centre[5]. » Ce qui est corroboré ici : « L'Étoile flamboyante, Lucifer lui-même. Du centre de l'Étoile se détache la lettre G, monogramme de l'orgueil spirituel qu'on épelle : Satan-Dieu[6]. »

Je me souviens que, lorsque j'accédai au 12e degré de Grand Maître Architecte, une phrase du rituel d'ouverture des travaux m'interpella. Le Sublime Grand Maître demanda :

1. Planche maçonnique « Le diable », loge « La Parfaite Union », Orient de Namur, Belgique (www.ledifice.net/7129-1.html).
2. « Compagnon ».
3. *Rituel d'augmentation de salaire au grade de compagnon*, Droit humain, p. 50.
4. *Ibid.*, p. 51.
5. Planche « L'Étoile du matin », *loc. cit.* Il faut remarquer que l'un des noms de Lucifer est « Étoile du matin ».
6. Jules DOINEL, *Lucifer démasqué*, Barruel, p. 162.

« À quelle heure commencez-vous et terminez-vous vos travaux ? »

Le Premier Excellent Gardien répondit :

« Je les commence quand le Génie parle en moi, je les achève quand il se tait[1].

– Voulez-vous travailler en ce moment ? questionna le Sublime Grand Maître.

– Le Génie parle, Sub.°. Gr.°. M.°. », précisa le Premier Excellent Gardien.

C'est alors que les travaux purent être déclarés ouverts par le Sublime Grand Maître, qui annonça :

« Puisque le Génie parle et nous invite à ouvrir les travaux de l'archi-loge[2]. »

Et d'annoncer d'une voix encore plus solennelle et ferme :

« Debout et à l'ordre, GG.°. MM.°. AA.°.[3] ! Accueillons-le par le signe et la batterie ! »

À cet instant, tous les membres de l'atelier exécutèrent un applaudissement rituel[4] qui est le suivant au 12e degré : un coup – un silence, deux coups – un silence, deux coups – un silence, un coup – un silence, deux coups – un silence, deux coups.

Le Génie luciférien

Le rituel du 12e degré comporte une note en fin de texte : « Évoqué au second degré, le "Génie" signifie ici l'inspiration. Il est à rapprocher du daïmôn de Socrate. »

---

1. *Rituel d'ouverture des travaux au 12e des hauts grades de Grand Maître Architecte*, Droit humain, p. 8.
2. L'archi-loge est le nom que prend l'atelier Maçonnique au 12e degré des hauts grades. Elle est alors dirigée par le Sublime Grand Maître.
3. « Grands Maîtres Architectes ».
4. Dénommé, en langage maçonnique, « batterie ».

Mais qui était le daïmôn de Socrate ? Un démon ? Pour Socrate, le daïmôn est « une voix qui, lorsqu'elle se fait entendre, me détourne toujours de ce que je vais faire, mais qui jamais ne me pousse à l'action[1] ». Il me semblait bien que le daïmôn s'exprimait en Socrate par une voix : « Le démon de Socrate [...] [était] plutôt la perception d'une voix ou l'intelligence d'une parole qui lui parvenait d'une manière extraordinaire[2]. » Le daïmôn de Socrate est donc l'expression d'un être d'une nature incertaine, tant il se manifeste en lui sans pour autant être totalement Socrate : « C'est cet inconnu qui est en nous plus que nous que Socrate se mit à appeler démon[3]. »

J'étais troublé. Quelle était la nature du Génie que la franc-maçonnerie voulait rapprocher de ce daïmôn, entité qui dépasse l'être humain ? « Et le Génie est aussi cet être magique, omniprésent dans la vie d'un maçon [...]. Ce Génie, qui est à l'intérieur de nous, prend naissance après que nous avons choisi la voie de l'initié[4]. » C'est « le Génie de la loge [qui] imprègne de sa puissance et de sa présence tous les participants de la Chaîne[5] ». Cette affirmation confirme bien que le Génie se manifeste en réalité dès le grade d'apprenti, par le rituel magique de la Chaîne d'union, que j'ai évoqué précédemment. Le Génie pouvait-il être maléfique ?

Pour comprendre la nature de ce Génie, que je découvris donc au 12e degré, je devais m'appuyer sur ma connais-

1. PLATON, *Apologie de Socrate*, traduction de Luc BRISSON, GF Flammarion, 1997, p. 111.
2. PLUTARQUE, « Le démon de Socrate », *Œuvres morales*, t. VIII, Traités 42-45, Les Belles Lettres, 1980, p. 87.
3. Pascal QUIGNARD « Petit traité sur les anges », Préface de APULÉE, *Le démon de Socrate*, Rivage Poche / Petite Bibliothèque, 1993, p. 36.
4. Planche maçonnique « La lettre G », Loge « Lumière d'Égypte », Orient de Vacoas (Maurice) (www.ledifice.net/6015-4.html).
5. Oswald WIRTH, *La franc-maçonnerie rendue intelligible à ses adeptes*, t. III : *Le maître, op. cit.*, p. 123.

sance des textes de la maçonnerie, et non pas me contenter de l'explication de « la voix de Socrate »... Et de cette approche globale, il ressortait bien que le Génie était un être maléfique, luciférien : « La même exaltation féroce et mystique se trouve dans une déclamation du F.°. Seraffina : "Saluez le Génie rénovateur ! Vous tous qui souffrez, levez haut les fronts, mes frères, car il arrive, lui, Satan le Grand"[1] ! » La confusion n'était plus possible : le « Lucifer maçonnique » n'était nullement le « bienfaisant porteur de lumière », « l'Astre du jour », évoqué dans le rituel du 1er degré, mais bel et bien le Satan des Écritures. Le terme grec de *daïmôn* a été traduit de la Septante à la Vulgate par démon. En effet, « Démon, ou Daemon, vient du grec *daïmôn*, qui signifie savant, connaissant. On donne les noms de démons ou *doemones*, tant en grec qu'en latin, aux bons et aux mauvais anges, mais bien plus communément aux mauvais anges[2] ».

Pourquoi la franc-maçonnerie, ainsi que je le découvrirais avec le nom de Tubal-Caïn, persistait-elle dans une ambiguïté ?

Comprendre le symbolisme initiatique de la maçonnerie est donc un chemin semé, à dessein, d'embûches, comme l'exprime Albert Pike : « La franc-maçonnerie [...] a recours à de fausses explications pour interpréter ses symboles, pour induire en erreur ceux qui méritent d'être induits en erreur, en appelant lumière le mensonge, pour leur cacher la vérité et les en écarter[3]. »

---

1. Mgr Léon MEURIN, *op. cit.*, p. 215.
2. « Demon », *in* 456-bible.123-bible.com/calmet/D/demon.htm.
3. Albert PIKE, *Morale et Dogmes*, p. 104-105, cité par Michelle D'ASTIER DE LA VIGERIE, « Libération de la franc-maçonnerie et de ses héritages funestes » (www.judeochretien.com/delivrance-liberation-franc-maconnerie.pdf).

« Chacun de nous est son propre Lucifer »

Je voyais bien que, malgré tous les efforts de la franc-maçonnerie pour le nier, le lien au sein de sa doctrine entre Lucifer et Satan était avéré. Lucifer est bel et bien un être démoniaque, un ange révolté, de l'aveu même de certains francs-maçons, qui ne l'ignorent donc pas : « Dieu avait émané (*sic*) des Entités spirituelles [...] douées de volonté propre, de liberté [...], liberté qui a permis à la première catabole, la tentative de Lucifer, le porteur de lumière, d'émaner à son tour une part de l'Univers. Cette tentative a été réprimée et Dieu émane alors l'Adam Premier [...] pour maintenir Lucifer dans des limites inférieures[1]. » On pourra noter ici la négation de la Création par le terme « émaner » au lieu de « créer », d'inspiration purement manichéenne ou gnostique.

Comme j'ai pu le constater de façon récurrente tout au long de mon parcours initiatique, le maître est autonome et se défie de toute autorité, en particulier non maçonnique. « Chacun de nous est son propre Lucifer et s'apporte donc sa lumière personnelle. Il n'y a point de meilleur ange que soi-même pour veiller sur soi-même, ni de meilleur juge[2]. » Et une autre planche de surenchérir : « Et si contester le dogme, c'est être diabolique, le diable m'emporte (*sic*) avec plaisir[3] ! »

Peu après que j'eus quitté la franc-maçonnerie, la relecture d'une planche me confirma que cette désobéissance est même le reflet du dithéisme, qui a été évoqué précédemment concernant le Pavé mosaïque : « Moi, maçon [...], je déclare que je sais que j'ai en moi les deux faces d'une seule et même image : celle de Dieu et celle de Lucifer[4]. »

---

1. Planche maçonnique « La gnose » (www.ledifice.net/3064-6.html).
2. Planche maçonnique « Le diable », *loc. cit.*
3. *Ibid.*
4. Planche maçonnique, 7 janvier 2013 (deusmeumquejus.over-blog.com/article-a-tous-les-faux-ma-ons-114159986.html).

Cette dualité, ce dithéisme le cas échéant, est une constante maçonnique : « Il y a d'ailleurs quelque chose de divin dans le diable, et quelque chose de diabolique dans le dieu[1]. » « Dieu et LUCIFER[2], lumière et obscurité sont les deux facettes de cette réalité suprême qui n'est qu'un. [...] LUCIFER est la réflexion de Dieu à l'intérieur de nous-mêmes, l'ombre de notre Être divin en nous-mêmes. L'influx luciférien est une force sans laquelle la Terre n'aurait pu poursuivre son évolution [...]. LUCIFER et CHRIST sont complémentaires [...]. Albert Pike, maçon du XIXe siècle [...], avait dit à ce propos : “Pour les F.°. M.°.[3] gnostiques, le G.°. A.°. D.°. L.°. U.°.[4] est Lucifer[5]. »

Non seulement ce texte blasphème outrageusement le Seigneur notre Dieu, mais il permet d'illustrer qu'en fin de compte la distinction que voudrait opérer la franc-maçonnerie entre Lucifer et le diable (ou Satan) est totalement fictive[6].

Une inversion des rôles de Dieu et du diable

La doctrine manichéenne de la franc-maçonnerie se présente, notamment dans les loges bleues, comme une simple vision des forces du monde. Elle m'était apparue plutôt anodine. C'est un truisme de dire que l'homme est soumis au bien et au mal. Mais considérer, comme le font les initiés, que ces deux tendances participent de deux

1. Planche maçonnique « Le diable », *loc. cit.*
2. En capitales dans le texte.
3. « Francs-maçons ».
4. « Grand Architecte de l'Univers ».
5. Planche maçonnique « Lucifer : Passage obligé vers la connaissance », octobre 2006 (www.ledifice.net/7364-1.html).
6. Un franc-maçon, dont il faut louer l'honnêteté intellectuelle, confirme l'existence de ce texte, publié par Albert Pike en 1871 : « C'est *Morals and Dogma* qui est agité par certains antimaçons puisque, dans le chapitre consacré au 19e degré (Grand Pontife), il est fait allusion à Lucifer [...] dans un paragraphe de 9 lignes (p. 321 dans l'édition de 1951, une réimpression de l'édition de 1950). »

forces divinisées et agissantes relève d'une conception dualiste de l'Univers qui aboutit à un manichéisme. Donc, logiquement, en une inversion des principes de bien et de mal : « Au 30e degré[1], on livre la bataille ouvertement à l'Adonaï de la Bible, au "Mauvais Principe" selon la franc-maçonnerie, c'est-à-dire au Dieu des chrétiens[2]. »

Je devais m'apercevoir, en effet, à la lecture de certains travaux d'initiés, que la franc-maçonnerie cherche bel et bien, tout en confondant cette fois expressément Lucifer et le diable et ainsi que le préconisait Albert Pike, à inverser les rôles de Dieu et du diable : « L'alchimie assimile Lucifer au diable, non sous la forme populaire et maléfique, mais au contraire sous sa forme rédemptrice (*sic*)[3]. »

Comment la franc-maçonnerie justifie sa référence à Lucifer

Il est exact que Lucifer signifie en latin « porteur de lumière », comme nous l'avons déjà vu, selon l'étymologie de ce terme, *lux* (lumière) et *ferre* (porter). Il est avéré également que l'expression « Étoile, ou Astre, du matin » a parfois désigné le Christ dans les Écritures[4].

---

1. Ce degré s'appelle Chevallier Kadosh.
2. Mgr Léon Meurin, *op. cit.*, p. 404.
3. Planche maçonnique « La lumière », octobre 2009 (www.ledifice.net/3063-6.html).
4. Comme nous l'explique un commentateur érudit (Le blogue du Maître-Chat Lully, leblogdumesnil.unblog.fr) : « Lorsqu'il est écrit sans majuscule, le mot lucifer désigne "l'étoile annonciatrice du matin". C'est ainsi que nous chantons dans le Psaume 109, aux vêpres du dimanche et des principales fêtes : "*Tecum principium in die virtutis tuae in splendoribu ssanctorum : ex utero ante luciferum genui te!* – À toi est la primauté au jour de ta puissance dans les splendeurs des saints : de mon sein je t'ai engendré avant l'étoile du matin." Lorsqu'il est écrit avec une majuscule, le nom de Lucifer peut désigner deux personnes : 1 – En tout premier lieu, et très légitimement, c'est l'un des noms du Christ, Verbe éternel de Dieu – *Lumen de Lumine,* Lumière (née) de (la) lumière – qui apporte aux hommes la pleine lumière de la révé-

Mais, en réalité, Lucifer est l'ange déchu par la faute de son orgueilleuse révolte : « L'élévation ne sert souvent qu'à réveiller l'orgueil. Trop charmé par les douceurs de la liberté, Lucifer, le plus grand des êtres créés, détourne ses regards de la Beauté suprême, pour les abaisser sur lui-même et, admirateur égoïste de sa propre beauté, elle lui devient un piège. Il se déclare rival de la Monarchie suprême, il allume dans le ciel, séjour distinct de celui des élus, une guerre impie, et suivi des apostats : *"Je monterai,* s'écrie-t-il, *j'établirai mon trône au-dessus des astres et je serai semblable au Très-Haut"* (Is 14,13-14)[1]. »

La franc-maçonnerie semble vouloir confondre Lucifer et le Christ dans ce texte d'Isaïe. Or ces versets concernent Lucifer, qui est illustré par le symbole du roi de Babylone qui a défié Dieu. Ils évoquent la chute d'un être rempli d'orgueil, défaut qui n'a jamais atteint le Christ. Mais qui est en revanche la caractéristique du diable ! Les Pères de l'Église, qui ont d'ailleurs confirmé que ces versets concernaient exclusivement Lucifer, en tant que démon, vécurent à une époque bien antérieure au Moyen Âge. Enfin, le 14e verset du texte suffirait à démontrer l'erreur de la franc-maçonnerie : « Je serai semblable au Très-Haut » (Is 14,14). C'est Lucifer qui a voulu atteindre à la hauteur de Dieu. Jésus n'en a nul besoin : il est Dieu lui-même !

lation divine… 2 – Mais par une sorte d'extension, le nom de Lucifer (et c'est même ce à quoi l'on pense spontanément quand on entend ce nom) a été donné à celui qui était originellement le plus beau et le plus élevé de tous les anges de Dieu. Car le nom donné aux anges est la traduction de la "fonction" qu'ils exercent dans le plan divin : ce nom christique revenait au plus beau des anges parce que, à l'origine, il était celui au travers duquel la lumière divine resplendissait le plus, celui par lequel la lumière de Dieu était communiquée aux autres anges (saint Denys l'Aréopagyte et saint Thomas d'Aquin expliquent que dans le monde angélique les dons et les grâces de Dieu descendent en "cascade"). »

1. Louis Bremond, *Pour triompher des embûches du démon, op. cit.*, p. 13.

La transgression luciférienne glorifiée par la franc-maçonnerie

Je remarquais que cette glorification, déjà esquissée par les rituels des loges bleues, était l'essence même du 12e degré, ainsi que l'exprime une planche maçonnique :

« La suprême ambition du Grand Maître Architecte est triple [...] :

« – Faire vivre en lui la vérité [...].

« – Manger du fruit de la Connaissance et nous voici replongés à l'origine de l'humanité, à cet âge antéhistorique où l'homme [...] ne savait pas qu'il était prédéterminé (*sic*). Ce n'est qu'après avoir mangé du fruit de l'arbre de la Connaissance qu'il se rendit compte qu'il était nu, c'est-à-dire habillé de lumière, comme l'apprenti qui, venant de triompher des épreuves de l'initiation, n'est plus vêtu que de lumière. Et si Adam a honte de cette connaissance, c'est qu'il en ignore la richesse [...], il n'a pas encore revêtu l'habit de lumière. C'est ce vêtement que recherche le Grand Maître Architecte.

« – Être un dieu [...]. L'ambition d'être un dieu revêt deux aspects : le premier aspect, c'est la liberté totale dont doit jouir le Grand Maître Architecte pour la réalisation de ses travaux [...] ; le second aspect, c'est que ce degré est caractérisé par la parole, véhicule de la pensée, marque de communication de la science et relation que jadis, nous a-t-on dit, Dieu a nouée avec les hommes[1]. »

La négation du sacrement du baptême

Déjà depuis le rituel d'initiation, j'avais compris que la franc-maçonnerie considère que tout candidat qui

1. Claude Llorens (franc-maçon du 30e degré), Planche maçonnique « Grand Maître Architecte : un thème du 12e degré », 27 août 2012 (hautsgrades.over-blog.com/article-grand-maitre-architecte-un-theme-du-12eme-degre-109468192.html).

frappe à la porte du Temple, croyant ou non, baptisé ou non, est dans les ténèbres. Ce qui, outre que cela constitue indiscutablement un présupposé, n'est rien d'autre que la négation de la puissance de l'Esprit Saint accordée par Dieu lors du sacrement du baptême par lequel le baptisé rejette explicitement Satan, prince des ténèbres :

« Pour suivre Jésus-Christ rejetez-vous Satan qui est l'auteur du mal ?

– Oui, je le rejette. [...]

– Recevez *la lumière du Christ* [...], que cet enfant *illuminé par le Christ* avance dans la vie *en enfant de la lumière* et persévère dans la foi[1]. »

De son côté, la franc-maçonnerie, en proposant de « donner la lumière » aux profanes, nie par conséquent de ce fait le sacrement du baptême.

C'est ainsi que, préalablement à la mise en œuvre du rituel d'initiation, le Vénérable Maître questionne :

« Pourquoi ce profane demande-t-il à être reçu franc-maçon[2] ?

– Parce qu'il est libre et de bonnes mœurs, qu'il est dans les ténèbres et cherche la lumière », répond le Grand Expert.

Selon la franc-maçonnerie, donc, rien en dehors de son enseignement, c'est-à-dire aucune autre religion, aucune révélation, aucune conversion, aucune christologie même, ne saurait apporter la lumière à l'homme ! Ainsi, dès la cérémonie de l'initiation, la franc-maçonnerie est luciférienne, dès lors qu'elle nie implicitement la réalité de la lumière des sacrements du baptême !

1. Rituel du baptême catholique (enfants).
2. *Rituel d'initiation*, Droit humain, p. 13.

La franc-maçonnerie honore le Serpent de la Genèse

S'agissant de l'arbre de la Connaissance, je me souviens que les thèmes de la transgression et du Serpent m'ont été présentés comme l'un des fondements du secret de la franc-maçonnerie, et ce par certains membres des hauts grades, dont j'ignorais bien entendu le degré, mais dont je savais qu'ils étaient bien plus « avancés » que moi sur le « chemin initiatique ».

Mon parrain en franc-maçonnerie m'avait offert un livre ancien, lorsque j'avais accédé au grade de maître. Quelques jours après la cérémonie, il m'avait apporté *Le Serpent vert* de Goethe[1]. Goethe avait été initié franc-maçon dans la loge « Amalia » le 23 juin 1780[2]. J'avais donc lu ce conte auquel je n'avais à l'époque rien compris tant son récit est hermétique. Ce que j'avais avoué à mon parrain. Il m'avait répondu que je n'étais alors qu'un tout jeune maître et que les réponses jailliraient d'elles-mêmes au long de mon parcours initiatique, notamment si je parvenais dans les hauts grades.

Et je compris en effet, bien plus tard, peu après mon entrée dans les hauts grades maçonniques, que la franc-maçonnerie considère le serpent comme une référence initiatique : « Le serpent symbolise la vie initiatique, telle qu'elle se maintient grâce aux associations d'initiés qui se succèdent[3]. »

Mes lectures, ainsi que les enseignements maçonniques, m'ont ensuite démontré que la franc-maçonnerie glorifie même le Serpent tentateur et qu'elle en fait un ami des initiés : « Le Serpent séducteur, qui incite à mordre au fruit de l'arbre de la Connaissance du bien et du mal, symbolise un instinct particulier [...]. Cet aiguillon secret est le promoteur de tous les progrès (*sic*), de toutes les conquêtes

---

1. Goethe, *Le Serpent vert*, traduit et commenté par Oswald Wirth.
2. *Ibid.*, p. 104.
3. *Ibid.*, p. 185.

qui étendent la sphère d'action des individus [...]. Cela explique pourquoi le Serpent, inspirateur de désobéissance, d'insubordination et de révolte, fut maudit par les anciens théocrates, alors qu'il était en honneur parmi les initiés[1]. »

Loin d'en rester à cela, la franc-maçonnerie confirme que Lucifer et le Serpent sont une seule et même entité et sont considérés par la franc-maçonnerie comme les « libérateurs » de l'humanité : « En fait, le serpent LUCIFER[2], l'homme et la femme, participent à l'unité en nous ramenant à l'UN[3]. L'acte de rébellion consenti (*sic*) par Dieu permet à l'homme une amélioration sous forme de réintégration de sa propre divinité[4]. »

Je relus quelques textes de référence et pris alors conscience que la doxa maçonnique considère qu'Ève fut « initiée (*sic*) » par le Serpent : « La séduction d'Ève par le Serpent fait allusion aux principes fondamentaux de toute initiation[5]. »

Dès lors, je n'eus plus aucun doute : la franc-maçonnerie invite ainsi ses adeptes à se laisser initier à la transgression par le serpent, afin de poursuivre leur quête vers la « connaissance ».

La franc-maçonnerie fait donc de Lucifer l'ami de l'homme. Une divinité émancipatrice incitant ce dernier à l'orgueil et à la révolte : « En résumé [...], le travail du Serpent-Sagesse consiste à libérer l'homme de l'asservissement au joug de la foi qui le maintient dans les ténèbres de l'ignorance, et à lui donner accès à la connaissance[6]. »

1. Oswald WIRTH, *La franc-maçonnerie rendue intelligible à ses adeptes*, t. II : *Le compagnon*, *op. cit.*, p. 92.
2. En capitales dans le texte.
3. En capitales dans le texte.
4. Planche maçonnique « Lucifer : Passage obligé vers la connaissance », *loc. cit.*
5. Oswald WIRTH, *La franc-maçonnerie rendue intelligible à ses adeptes*, t. III : *Le maître*, *op. cit.*, p. 13.
6. Père Joseph-Marie VERLINDE, *Quand le voile se déchire*, *op. cit.*, p. 190.

Le saint pape Jean-Paul II nous donne de l'épisode la Genèse relatant la transgression l'explication suivante, à la fois bien plus claire et bien plus conforme à la théologie : « Le symbole de l'arbre de la Connaissance du bien et du mal […] signifie que l'homme n'était pas en mesure de discerner […]. L'aveuglement et l'orgueil donnèrent […] l'illusion d'être souverain et autonome, et de pouvoir faire abstraction de la connaissance qui vient de Dieu. […] Les yeux de l'esprit n'étaient plus capables de voir avec clarté : progressivement la raison est demeurée prisonnière d'elle- même[1]. »

La négation du Christ

Peu avant d'être élevé aux 13e et 14e degrés, c'est-à-dire d'accéder à la mi-chemin du parcours des hauts grades, j'ai décidé de quitter la franc-maçonnerie. Pourtant, certains de mes amis francs-maçons avaient espéré me voir arriver au 18e degré. C'est qu'à ce degré, en effet, le franc-maçon est supposé rencontrer… le Christ… rien de moins !

Étaient-ils heureux, bienveillants qu'ils étaient à mon égard, de voir un croyant retrouver ce Christ en qui il avait foi ? Ou bien s'agissait-il, pour d'autres, plus lucides et plus cyniques, d'un calcul qui amènerait ce même croyant à s'éloigner de *son* Église, après avoir rencontré un Christ « maçonnique » ? Je ne le saurai jamais…

Qui est donc ce Christ du 18e degré des hauts grades du REAA ?

Au 18e degré, en réalité, « nous sommes là dans l'antibiblisme et le dualisme gnostique chrétien[2] ». Ce n'est pas moi qui le dis !

---

1. Saint Jean-Paul II, Lettre encyclique *Fides et Ratio*, n. 22.
2. C. Bergerac, Planche maçonnique « Alchimie et gnose au 18e degré », *loc. cit.*

D'emblée, la distance avec Jésus-Christ est posée. Et le *dualisme* est établi en *dogme maçonnique* ! Plus loin, l'auteur de cette planche précise que « les candidats [...] sont conduits dans les ténèbres d'une salle obscure où l'on a illuminé une image du Phénix[1] au pied de laquelle se trouve le coffret contenant le support de l'inscription INRI[2] ».

Voilà qui aurait pu m'intéresser au moment où je commençais à retrouver le chemin du Christ ! Toutefois, lors de la cérémonie, le postulant entend dire par le Très Sage[3] :

« INRI. Voilà la parole perdue et enfin retrouvée[4] ! »

Puis :

« C'est pourquoi vous voyez, dans les branches de cette croix, les lettres INRI qui, alternativement prononcées, forment le mot sacré des Rose-Croix. »

Le langage maçonnique devient alors de plus en plus hermétique, sinon incompréhensible, pour un chrétien ! Tout s'explique, du moins au sens de la franc-maçonnerie, lorsqu'un officier, le Chevalier d'éloquence, donne deux significations, prétendument complémentaires car censées se répondre, ou plutôt supposées s'éclairer, l'une et l'autre, du terme INRI : « *Iesus Nazarenus Rex Iudaeorum* » et « *Igne Natura Renovatur Integra*[5] ». C'est-à-dire : « Jésus le

1. Au 18e degré, le phénix est prétendument un symbole du Christ.
2. On verra plus loin quelle interprétation dénuée de fondement biblique la franc-maçonnerie fait des lettres INRI.
3. Le Très Sage est au 18e degré l'équivalent du Vénérable Maître au sein des loges bleues.
4. La franc-maçonnerie voudrait faire un lien entre l'expression INRI et la parole perdue du mythe maçonnique.
5. Il s'agit là d'une technique habituelle de la franc-maçonnerie, qui voudrait donner une crédibilité biblique ou historique à ses dogmes propres. Ici, le dogme maçonnique professant que la nature se renouvelle par elle-même, par ailleurs relié abusivement à la résurrection du Christ. Ce qui démontre que la franc-maçonnerie est fondée sur un dogme naturaliste.

Nazaréen, roi des Juifs » et « C'est par le feu que la nature se renouvelle ».

La première interprétation est incontestable pour un chrétien, aussi bien au plan historique que sur le plan théologique. Les Évangiles rapportent qu'une discussion a eu lieu le soir de la crucifixion entre Pilate et les grands prêtres des juifs. Ces derniers dirent au procurateur romain : « N'écris pas : "Le roi des Juifs", mais "Cet homme a dit : 'Je suis le roi des Juifs.'" Pilate répondit : "Ce que j'ai écrit, je l'ai écrit" » (Jn 19,21).

« Avec ce titre de "roi" donné à Jésus, on rejoint les traditions juives selon lesquelles le Christ, le roi messianique, devait être descendant du roi David. Il a été acclamé par la foule comme "roi d'Israël" [...]. C'est comme roi des Juifs qu'il sera condamné [...] et cloué sur la croix[1]. »

Il n'est donc pas discutable que, sur le plan biblique, historique et théologique, INRI signifie bien « *Iesus Nazarenus Rex Iudeaorum* ». Toute autre traduction n'est que pure fiction, mensonge ou mauvaise foi !

Pourtant, la franc-maçonnerie affirme : « Pour les créateurs du grade, la meilleure interprétation de INRI était la formule hermétique : "*Igne Natura Renovatur Integra*", parce qu'elle se rattache à l'idée cosmique de l'évolution progressive par un incessant renouvellement[2]. » J'ai souvent observé que ce procédé était plus que classique pour la franc-maçonnerie, quelle que soit l'obédience d'ailleurs. Un procédé qui va chercher des références dans diverses écritures, notamment bibliques, n'hésitant pas ensuite à ne s'en servir qu'en tant que prétexte, vidant la lettre de son contenu de foi, afin d'en bouleverser la signification fondamentale. Cela, dans l'objectif de faire coïncider la lettre, notamment biblique, avec l'explication de l'ésoté-

1. Bible de Jérusalem, Cerf, 2009, p. 2151.
2. « Symbolisme du 18e grade Rose + Croix », Grand Collège des rites du Suprême Conseil, 1973, 2e édition, p. 9.

risme maçonnique. Sur le fond, nous savons bien qu'il n'y a aucune idée de « mouvement perpétuel » au centre de la Parole de Dieu : il existe un commencement et une fin des temps, lui seul « étant » de toute éternité : « Je suis l'Alpha et l'Omega, le Premier et le Dernier, le Principe et la Fin » (Ap 22,13). Car seul Dieu peut dire : « Je suis celui qui est » (Ex 3,14). En revanche, il n'existe aucune « eschatologie maçonnique ».

La traduction que fait la franc-maçonnerie de l'expression INRI est donc particulièrement fausse. Et destinée à tromper les francs-maçons eux-mêmes.

Pourquoi la franc-maçonnerie fait référence à la Bible

Au 18e degré, la franc-maçonnerie fait en effet référence à la Bible. « Pourquoi les ritualistes du XVIIIe siècle s'en sont-ils tenus à la tradition biblique [...] ? Il faut aussi se persuader que la maçonnerie des hauts grades n'aurait pu, à ses débuts, être tolérée par l'Église encore puissante et par un pouvoir civil soupçonneux, *si elle ne s'était pas donnée un masque rassurant*[1]. » La franc-maçonnerie avoue ainsi sa duplicité.

Plus loin, l'exposé du Suprême Conseil la confirme : « Les références bibliques ne sont en réalité qu'un mince vernis qui recouvre des enseignements issus de nombreuses sources plus ou moins hétérodoxes : arithmomancie pythagoricienne ; hermétisme, avec son dérivé, l'alchimie ; le Zodiaque et son application dans l'astrologie ; la kabbale ; le gnosticisme[2]. »

La franc-maçonnerie puise ses sources dans l'occultisme. Ses rituels les plus courants sont fondés sur des enseignements ésotériques. La Grande Loge nationale de France est une obédience qui a le courage de le préciser,

1. *Ibid.*, p. 4-5.
2. *Ibid.*, p. 5.

et il faut rendre hommage à son honnêteté intellectuelle, alors même qu'elle est reconnue pour sa faible propension en matière de communication.

Le Rite français, quant à lui, qui est majoritaire au Grand Orient, considère la Bible comme une « allégorie » et un ensemble de « prétextes historiques[1] ». Le rite de l'obédience « Memphis Misraïm », ou Rite égyptien, « doit son origine à Cagliostro[2] ». Le Rite écossais ancien et accepté, qui est le plus courant dans le monde, trouve son fondement sur « différentes traditions qui ont structuré le rite : égyptienne (l'hermétisme), grecque (le pythagorisme), islamique (l'alchimie), hébraïque (la kabbale), chrétienne (la gnose) et surtout chevaleresque (les influences templières)[3] ». Quant au Rite français rectifié[4], principalement utilisé à la GLNF, il trouve son essence dans la « Tradition chrétienne originelle, nourrie des enseignements des Pères de l'Église[5] », mais aussi dans « la doctrine ésotérique de Martinès de Pasqually[6] ».

1. Voir en ce sens « Rite français» (www.regius-glnf.fr/rubrique.php?id=261).
2. Père Nicolas DESCHAMPS, *Les sociétés secrètes et la société*, t. I, Oudin, 1882, p. LVI.
3. Voir en ce sens Rite écossais ancien et accepté, site de la GLNF, n° 2685.
4. Voir en ce sens Rite écossais rectifié, site de la GLNF, n° 2684.
5. Mais non pas dans les enseignements des Pères de l'Église selon le Magistère; ce qui est une différence essentielle en termes de compatibilité spirituelle.
6. Or Martinès de Pasqually fut un occultiste et kabbaliste du XVIIIe siècle qui élabora une « doctrine ésotérique chrétienne de la franc-maçonnerie », qui tombe sous le coup de l'interdiction et de l'excommunication établie par l'encyclique du pape Clément XII *In eminenti Apostolatus Specula* ». Cette doctrine est consignée dans son ouvrage *Le traité de la réintégration des êtres.* Martinès de Pasqually considère que Dieu a « émané » et non pas créé. Il revendique la destruction prochaine de l'Église catholique et soutient la possibilité d'une connaissance directe de Dieu par une initiation progressive.

Il apparaît à la lecture du rituel que, comme souvent, les symboles maçonniques, même s'ils veulent se donner un « masque rassurant » et formellement biblique, n'ont qu'un lointain rapport avec l'enseignement de l'Église, et surtout avec la Parole de Dieu dont l'Église est dépositaire. Le candidat au 18e degré se voit donner une nouvelle acclamation : « "Hocchée !", répétée trois fois, et qui signifie Sauveur[1]. » J'aurais sans aucun doute, en tant que chrétien et croyant, été rassuré, tant j'aurais cru y trouver une référence au Christ; mais peut-être aurais-je discerné l'abus de langage, sinon l'hérésie, car l'« acclamation, si elle signifie vraiment "sauveur[2]", serait plus gnostique que chrétienne », ainsi que le précise une planche maçonnique[3].

La croix du 18e degré des hauts grades

L'analyse du symbolisme de ce grade montre clairement que la croix qui est présentée à celui qui va acquérir le 18e degré est une croix à quatre branches égales. Elle n'a rien de commun avec la Croix du Christ, ainsi qu'il ressort du texte maçonnique : « La croix du crucifix[4] [...] par elle-même [...] ne signifie rien; sa valeur vient du sens que lui attribue le christianisme. La croix carrée – celle du 18e degré – évoque directement l'instrument avec lequel, aux temps préhistoriques, l'homme a fait jaillir l'étincelle génératrice du feu, dont elle est donc le symbole; c'est le *pramantha* encore utilisé en Inde pour obtenir le feu

1. « Mémento du Grade Rose + Croix (18e degré) », Grand Collège des rites du Suprême Conseil, p. 4.
2. Sans S capitale dans le texte.
3. C. Bergerac, Planche maçonnique « Alchimie et gnose au 18e degré », *loc. cit.*
4. Pour la franc-maçonnerie, la Croix n'a aucune signification mystique ! Pour l'institution ésotérique, elle n'est qu'un symbole polyvalent. Et si l'on en croit le livret du Grand Collège des rites, une sorte de « briquet rudimentaire ».

sacré dans certaines cérémonies. C'est à ce titre de symbole qu'elle a été reprise par les alchimistes[1]. »

Le signe luciférien du 18e degré des hauts grades

Au 18e degré, « le signe du grade se fait en élevant la main droite fermée, l'index levé verticalement montrant le ciel. Le contre-signe s'exécute en descendant la main et en montrant la terre avec l'index. Signe et contre-signe [...] évoquent la maxime hermétique : “Ce qui est en haut est comme ce qui est en bas, et ce qui est en bas est comme ce qui est en haut”, comme l'indique le rituel maçonnique. Or ce geste est repris dans l'arcane XV du tarot (figure 1, p. 129), qui représente le diable, lequel pointe une main vers le haut et une autre vers le bas, afin de signifier également que le haut et le bas sont de même nature.

Ce signe se retrouve aussi, tout comme sa signification et son symbolisme maçonnique, dans une illustration d'Oswald Wirth (figure 2, p. 130), représentant Ishtar, la déesse des polarités. Ishtar était également nommée, tout comme Lucifer, « Étoile du matin » !

Enfin, et surtout, on retrouve ce signe du diable sur une représentation de Baphomet, tel que dessiné par Éliphas Lévi (figure 3, p. 130) et reprise sous forme de statue dans le Temple satanique de Détroit (États-Unis). Une photographie de cette statue peut être utilement consultée sur un blog du journal *Le Monde*[2]. Le dogme maçonnique, selon lequel « ce qui est en bas est comme ce qui est en haut et ce qui est en haut est comme ce qui est en bas », est donc indiscutablement d'inspiration luciférienne, même si de nombreux francs-maçons n'en ont malheureusement aucune conscience.

---

1. « Symbolisme du 18e grade Rose + Croix », Grand Collège des rites du Suprême Conseil, p. 13-14.
2. bigbrowser.blog.lemonde.fr/2015/07/28/le-temple-satanique-de-de troit-devoile-son-imposante-statue-de-baphomet.

Cette croyance, ce dogme, car c'est bien de cela qu'il s'agit, de l'égalité entre ce qui vient d'en haut et ce qui vient d'en bas, sont d'inspiration dualiste, manichéenne. À l'inverse, la Parole de Dieu nous apprend que seul ce qui vient d'en haut est revêtu de la puissance divine : « Jésus [...] leur disait : "Vous c'est d'en bas que vous êtes ; moi, c'est d'en haut que je suis. Vous, c'est de ce monde que vous êtes ; moi, je ne suis pas de ce monde" » (Jn 8,21-23). De même : « Du moment que vous êtes ressuscités avec le Christ, recherchez donc les choses d'en haut, là où se trouve le Christ, assis à la droite de Dieu. Songez aux choses d'en haut et non à celles de la terre » (Col 3,1-2). C'est ainsi que recevoir la Parole, et non pas chercher une hypothétique parole perdue, impose de lever les yeux vers les cieux : « Ne vous égarez pas, mes frères bien-aimés : tout don excellent, toute donation parfaite vient d'en haut et descend du Père des lumières, chez qui il n'existe aucun changement, ni l'ombre d'une variation » (Jc 1,16-17). Il sera même précisé plus loin que toute philosophie qui vient d'en bas vient du démon : « Pareille sagesse ne descend pas d'en haut : elle est terrestre, animale, démoniaque [...]. Tandis que la sagesse d'en haut est tout d'abord pure, puis pacifique, indulgente, bienveillante, pleine de pitié et de bons fruits » (Jc 3,15-17).

Figure 1 : Arcane XV du tarot

Figure 2 : Ishtar, déesse

(croquis de l'auteur d'après le dessin d'Oswald Wirth, *in* Le symbolisme occulte de la franc-maçonnerie, *éd. Originale, 1928, p. 44)*

Figure 3 : Baphomet

(dessin d'Éliphas Lévi, Secrets de la magie, *Robert Laffont, 2000, p. 158)*

Parodie de la sainte Cène au 18e degré

Un ami démissionnaire du 18e degré, parce que converti sur le tard à la foi catholique, m'indiqua qu'à ce grade existait une parodie de la sainte Cène. Son témoignage est confirmé par les rituels et les planches que j'ai étudiés. Au cours de cette cérémonie parodiant la Cène, on procède en « deux parties : le sacrifice de l'agneau et les libations[1] ». Cette odieuse caricature de « la Cène était autrefois obligatoire à l'issue de chaque tenue du Chap.°.[2]. Il est souhaitable qu'elle ait lieu au moins à chaque tenue de réception[3] ».

Si j'avais connu mon élévation au 18e degré, je n'aurais probablement pas supporté de vivre cette contrefaçon diabolique de l'instant où Notre-Seigneur Jésus, après avoir rendu grâce et sur le point de se livrer à sa Passion pour nous sauver, nous a donné pour la première fois la sainte Eucharistie. Comment aurais-je pu, après avoir vécu cette sinistre farce, aller communier en Église au Corps et au Sang du Christ? Comment, surtout, aurais-je pu, comme cela m'est déjà arrivé, prier le Rosaire de sainte Faustine, agenouillé au côté d'un malade agonisant et réciter : « Père éternel, je t'offre le Corps et le Sang, l'Âme et la Divinité de ton Fils bien-aimé, Jésus-Christ Notre-Seigneur »? Je loue le Seigneur de m'avoir inspiré de démissionner de la franc-maçonnerie avant que d'avoir eu à participer à ce blasphème!

La franc-maçonnerie, descendante directe de Caïn, inspiré par Lucifer

Le grade de Grand Maître Architecte du 12e degré des hauts grades était perçu de la sorte : « Ce degré, en

1. « *Mémento* du Grade Rose + Croix (18e degré) », Grand Collège des rites du Suprême Conseil, p. 20.
2. « Chapitre ». C'est ainsi que la loge est nommée au 18e degré.
3. « *Mémento* du Grade Rose + Croix (18e degré) », Grand Collège des rites du Suprême Conseil, p. 20.

effet, achève la formation du maître et annonce déjà l'Élu que façonneront les 13e et 14e degrés[1]. » Je me remémorai donc mon élévation à la maîtrise. Tout avait été morbide, inquiétant[2]. Sauf à la fin[3]. À peine relevé du sol, où je venais de jouer le rôle du cadavre en décomposition dans son tombeau au cours du psychodrame d'Hiram assassiné, le Vénérable Maître me chuchota à l'oreille :

« Tubal-Caïn[4]. »

Je fus simplement étonné. Mais, passé la cérémonie, la consonance du vocable Caïn me mit mal à l'aise : à qui avais-je donc donné ma confiance et à quoi m'étais-je engagé par mes serments? J'eus le sentiment d'une trahison, d'un mensonge. Je ne dois pas avoir été le seul, car ainsi que l'avoue un franc-maçon dans l'une de ses planches : « Tubal-Caïn [...], mot de passe des maîtres qui donne à réfléchir, car il comporte une telle ambiguïté qu'il ne peut nous laisser indifférents[5]. » Mais, comme j'étais alors loin de la foi, mes appréhensions disparurent, car mon « parrain », que j'interrogeai, me rassura à l'époque. « Tubal-Caïn n'était qu'un maître forgeron », me dit-il. Je voulus le croire, sans chercher à approfondir la question. Je ne compris mon erreur que lorsque, ayant depuis quelques années accédé aux hauts grades, la Vierge Marie intercéda auprès de l'Esprit Saint afin que

---

1. Claude LLORENS, Planche maçonnique « Grand Maître Architecte : un thème du 12e degré », *loc. cit.*
2. Voir *J'ai frappé à la porte du Temple*, *op. cit.*, p. 99-104.
3. La fin de la cérémonie voit la réincarnation heureuse du « Maître » Hiram dans le nouveau maître franc-maçon.
4. Selon la Bible, Tubal-Caïn est un descendant de Caïn. « Caïn connut sa femme; elle conçut et enfanta Hénoc [...]. Hénoc engendra Irad, Irad engendra Mehujaël, Mehujaël engendra Metuschaël, et Metuschaël engendra Lémec. Lémec prit deux femmes : le nom de l'une était Ada, et le nom de l'autre était Tsilla [...]. Tsilla, de son côté, enfanta Tubal-Caïn, qui forgeait tous instruments d'airain et de fer » (Gn 4,17-22).
5. Planche maçonnique « Tubal-Caïn » (www.ledifice.net/7076-2.html).

mon cœur soit transpercé d'amour pour son Fils bien-aimé.

L'institution maçonnique met Tubal-Caïn en relation avec le secret du feu et des métaux : « Tubal-Caïn est le premier qui, d'après la légende, découvrit l'art de forger les métaux[1]. » Mais, ensuite, l'institution initiatique va rapidement renouer avec sa manière originale de lire la Parole. Elle l'assimile à un alchimiste : « Tubal-Caïn, le forgeron, travaille les métaux et s'inscrit spirituellement comme continuateur de la lignée caïnite [...]. Il a la connaissance des quatre éléments : le métal est extrait de la terre. Il est transfiguré par le feu, lui-même attisé par l'air, puis trempé dans l'eau [...]. Il forge des épées, œuvre d'initié, car elles sont parfois dotées d'un pouvoir magique qui demande de connaître et de maîtriser les forces contenues dans ces éléments[2]. »

Mais il est aussi considéré par les obédiences comme un artisan de guerre et de violence : « Tubal fut, d'après la légende, le premier qui conquit l'art de forger le bronze, donnant à ses alliés un avantage militaire indéniable sur ceux qui ne connaissaient alors que le cuivre pour la fabrication de leurs armes[3]. » « C'est la raison pour laquelle Caïn et ses descendants gagnèrent une réputation de tyrans, de voleurs brutaux et d'assassins, et acquirent des biens matériels de toutes sortes[4]. »

Tubal-Caïn ! On aurait rêvé mieux, comme référence, pour un maître franc-maçon et bienfaiteur de l'humanité !

Je fus encore plus troublé lorsque j'appris que, pour la franc-maçonnerie, « Tubal-Caïn signifie "maître du

1. *Ibid.* On note à quel point ce franc-maçon, et celui auteur de la planche suivante, assimilent les Écritures saintes à une simple légende.
2. Planche maçonnique « Tubal-Caïn » (www.ledifice.net/7076-7.html). On voit bien, grâce à cette planche, que la franc-maçonnerie n'ignore pas la filiation entre Caïn et Tubal-Caïn.
3. Planche maçonnique « Tubal-Caïn », *loc. cit.* (7076-2).
4. *Ibid.*

monde[1]" ». Tubal-Caïn est le modèle de la franc-maçonnerie, l'image même de l'initié autocentré : « C'est le message que nous transmet le mot sacré "Tubal-Caïn-possession du monde", c'est-à-dire parvenir à créer un homme nouveau, qui se forge lui-même [...], s'il parvient à connaître les clefs de son monde intérieur, dans une pleine conscience de ce *moi* souterrain qui nous échappe si souvent, alors "l'homme connaîtra l'Univers et les dieux"[2]. » Et c'était bien à cette tentation de la connaissance du bien et du mal par l'humain que le nom de Tubal-Caïn semblait alors m'inviter : « Tubal-Caïn [...] porte en lui le sens de la responsabilité et de la liberté. Il doit posséder la maîtrise du feu qui peut être soit céleste ou démiurge, soit souterrain et démoniaque[3]. » Je compris que le descendant de Caïn était ainsi un homme initié cherchant à devenir lui-même le Créateur, au besoin par des moyens magiques, alchimiques et occultes : « Fondre le métal et le reformer correspond au "*salve et coagula*" de l'alchimie hermétique, travail créateur par excellence, car créer, c'est recréer[4]. »

Tubal-Caïn était sans nul doute un forgeron, puisqu'il est exact que le nom de Caïn signifie « forgeron » en langues sémitiques[5]. Mais instituer Caïn en tant que référence spirituelle explicite au grade de maître est troublant pour une institution qui se déclare philanthropique : Abel est la figure du juste persécuté, dont le sang versé est éloquent aux yeux de Dieu (He 12,24), tandis que Caïn est l'assassin par haine, jalousie et convoitise ! Caïn représente surtout la « figure de l'humanité courbée sous le poids du péché[6] ». De même en est-il de sa

1. Planche maçonnique « Tubal-Caïn », *loc. cit.* (7076-7).
2. Planche maçonnique « Tubal-Caïn », Grand Orient de France (www.ledifice.net/7076-6.html).
3. Thomas Dalet, Planche maçonnique « Tubal-Caïn », 21 mai 2012 (hautsgrades.over-blog.com/article-tubalcain-105538403.html).
4. Planche maçonnique « Tubal-Caïn », *loc. cit.* (7076-7).
5. Bible de Jérusalem, Cerf 2009, note « bm », p. 114.
6. *Ibid.*, note sous Gn 4,1, p. 40.

descendance, car « la succession des enfantements depuis Caïn manifeste la transmission du péché de génération en génération[1] ».

Ce fondement sulfureux de la doxa initiatique n'est certainement pas dû à une coïncidence : les rituels maçonniques ont été étudiés avant d'être formalisés. Cette référence satanique ne doit par conséquent rien au « hasard », mais à une filiation philosophique réelle et assumée… « Quant à Caïn, par son meurtre, il révèle la haine qui, dès la Genèse, habite le cœur de l'homme ; il est le type du mauvais, celui qui hait le juste, son frère. […] Ses descendances sont citées […] et se distinguent […] par la pratique de la polygamie et de la violence[2]. »

Pourquoi la franc-maçonnerie n'a-t-elle pas, afin de lever toute ambiguïté sur une émanation maléfique, choisi comme mot de passe des maîtres Seth, né d'Adam et Ève après le meurtre d'Abel par Caïn ? Ou l'un de ses descendants ? Et parmi ceux-ci David, dont Jésus manifestait la filiation, ou mieux Joseph, père du Christ et époux de la bienheureuse Marie ?

Pourtant, certains francs-maçons se sont opposés à ce mot de passe : « Si l'initiation de Tubal-Caïn s'est propagée, elle est impure, et il paraîtra important de rompre tous les rapports avec lui[3]. » Et même, certains francs-maçons déistes ont rejeté il y a plus de deux siècles cette référence : le « mardi 5 avril 1785, […] Jean-Baptiste Willermoz […] [reçut] onze cahiers rédigés par […] Marie-Louise de Monspey, dite Madame de Vallière[4] ». Dans certains de ses écrits, il était question de « substituer le

1. *Ibid.*, note sous Gn 4,22, p. 41.

2. Planche maçonnique « Caïn, Abel et Seth », 16 juillet 2012 (hautsgrades.over-blog.com/article-cain-abel-et-seth-108192021.html).

3. *Ibid.*

4. Sappia Aprt, Planche maçonnique « De Tubal-Caïn à Phaleg », 20 mai 2012 (hautsgrades.over-blog.com/article-de-tubalcain-a-phaleg-105479387.html).

mot de passe [...], à savoir Tubal-Caïn[1] ». Jean-Baptiste Willermoz, alchimiste, adepte de Martinès de Pasqually qui le reçut dans l'ordre des Élus Cohens, organisa en juillet 1782 le convent de Wilhelmsbad et fut à l'origine de la création du Rite écossais rectifié. C'est la raison pour laquelle, « le 5 mai 1785, Jean-Baptiste Willermoz remplace le nom de Tubal-Caïn par Phaleg, sur décision de la Régence écossaise de Lyon et du directoire d'Auvergne[2] ». Le fondateur de ce rite prit conscience, grâce aux cahiers de Madame de Vallière, de la portée satanique de la référence à Tubal-Caïn. De l'aveu même d'une certaine franc-maçonnerie déiste, « Tubal-Caïn [...] est qualifié d'"agent diabolique" et portant les "vices charnels", "c'est un nom d'abomination" [...], il n'apprit l'art du travail des métaux et la maîtrise du feu que par des voies profanatrices et sataniques[3] ». Depuis, le RER ne comporte plus de référence à Tubal-Caïn au grade de maître. Le RER est le rite privilégié de la Grande Loge nationale de France, même s'il n'est pas le seul.

La franc-maçonnerie, une religion luciférienne

Je voyais alors les officiers et les maîtres de la loge comme ce qu'ils étaient : un groupe de prêtres occultistes travaillant à ce qu'ils appelaient la lumière et le bien, le progrès de l'humanité, alors que tout y était secrètement inversé. Les rituels ponctués de coups de maillet, de déplacements codifiés, les attitudes cérémonieuses des officiers et des autres francs-maçons, les bougies allumées m'apparaissaient désormais comme totalement pervertis. Cela sonnait faux. Certes, il ne s'agissait pas d'une « messe noire ». Lucifer est bien plus subtil : ce qui était noir, c'était l'esprit !

1. *Ibid.*
2. *Ibid.*
3. *Ibid.*

La franc-maçonnerie dit donc vrai lorsqu'elle affirme que Lucifer a réellement été « l'Étoile du matin ». Ce qu'elle omet de préciser, c'est qu'il ne l'est pas resté ! Lors de la Création, les démons n'existaient pas encore.

C'est à la suite de la révolte orgueilleuse de Lucifer contre Dieu que ce dernier a précipité cet archange dans sa chute : « Te voilà tombé du ciel, Astre brillant, fils de l'aurore ! Tu es abattu à terre, toi, le vainqueur des nations ! Tu disais en ton cœur : "Je monterai au ciel, j'élèverai mon trône au-dessus des étoiles de Dieu ; je m'assiérai sur la montagne de l'assemblée, à l'extrémité du Septentrion ; je monterai sur le sommet des nues, je serai semblable au Très-Haut." Mais tu as été précipité dans le séjour des morts, dans les profondeurs de la fosse » (Is 14,2-15).

Jusque-là, en effet, Lucifer était un archange de lumière. Puis il y eut sa révolte et l'épisode de la tentation d'Adam et Ève. Lucifer est alors devenu Satan, l'ange démoniaque. L'ange de lumière s'est indiscutablement mué en démon des ténèbres ! Il est devenu le diable. Et il n'a eu de cesse, depuis lors, de vouloir détruire la Création en utilisant principalement ses deux stratégies favorites : le mensonge et la tentation. Parfois plus, même si rarement toutefois : la vexation, l'infestation, voire la possession pour certains cas les plus extrêmes. Et il a pour ce faire de nombreux acolytes, qui le servent souvent sans le savoir, plus désireux de chercher dans les sciences magiques le pouvoir sur les hommes et la connaissance que de vivre dans la sainteté et la crainte de Dieu. Les francs-maçons doivent prendre conscience que la franc-maçonnerie est l'une des ruses de Lucifer...

En observant mon parcours, je constate finalement qu'il y a près d'un quart de siècle, j'avais frappé à la porte d'un Temple qui abritait un système métaphysique spécifique : la franc-maçonnerie, déiste ou athée, confesse en effet, parmi les nombreux dogmes qui lui sont spécifiques, une métaphysique dualiste, omniprésente depuis le symbolisme du Pavé mosaïque, que l'apprenti découvre à son initiation, jusqu'à celui du 30e degré du haut grade de Chevalier Kadosh, Chevalier de l'aigle blanc et noir. Cette dualité, en tant que système de conception de l'Univers, repose sur ces deux forces antinomiques, de valeur égale, blanche et noire. C'est ainsi que, bien et mal s'équilibrant parfaitement, rien ne saurait, selon son enseignement initiatique, être totalement vrai ou faux : « L'initié se tient debout et avance dans la vie sur ce damier qui proportionne exactement les satisfactions et les peines, les joies et les douleurs des vivants[1]. » Le dualisme maçonnique devient alors la clef de voûte du relativisme : « Les manières de voir divergentes qui se font jour [...] expriment la vérité sous les différents aspects[2]. »

Je m'étais aussi affilié à une religion qui ne voulait pas s'avouer comme telle afin de mieux travailler à détruire l'Église : « En fait [...], les francs-maçons sont toujours divisés, mais [...] de plus en plus anticléricaux, c'est-à-dire en réalité anticatholiques », observe Bernard Antony, qui possède une connaissance avérée de la franc-maçonnerie[3].

Car la franc-maçonnerie se positionne aussi en institution ecclésiale : « Et sans cesse est aussi répété, au Grand Orient et ailleurs, que la maçonnerie est l'Église de la République[4]. » Ce qu'avait déjà affirmé Pierre Chevallier, que l'on peut difficilement suspecter d'antimaçonnisme, dans son livre *La Maçonnerie : Église de la République*[5]. Cette thèse est confirmée dans une interview de l'ancien ministre socialiste de François Hollande, Vincent Peillon,

---

1. Oswald WIRTH, *Le symbolisme occulte de la franc-maçonnerie, op. cit.*, p. 87.
2. Oswald WIRTH, *La franc-maçonnerie rendue intelligible à ses adeptes*, t. I : *L'apprenti, op. cit.*, p. 123.
3. Bernard ANTONY, *Vérités sur la franc-maçonnerie. De la subversion des loges à la république des initiés*, Godefroy de Bouillon, 2008, p. 243.
4. *Ibid.* p. 219.
5. Pierre CHEVALLIER, *Histoire de la franc-maçonnerie française*, t. III : *La Maçonnerie : Église de la République (1877-1944)*, Fayard, 1975.

historien de formation, évoquant la IIIe République : « Il faut que nous inventions, pour établir la République, une spiritualité, voire une religion spécifique. [...] ça germe beaucoup dans les milieux francs-maçons sous le Second Empire [...]. Se constitue d'ailleurs une alliance religieuse universelle [...] portant un projet de religion universelle, de religion éclairée [...], avec un projet spirituel, c'est-à-dire que la République, pour s'établir, a besoin de former sa propre religion qu'ils vont appeler [...] la laïcité. C'est une religion un peu hétérodoxe en ce sens qu'elle s'appuie sur tout un courant qu'on trouve à la fois dans la kabbale, dans l'illuminisme [...]. Mais c'est une laïcité qui, née dans les loges, nourrie d'abord de toute cette histoire, va d'abord apparaître comme une religion laïque [...]. Ce terme est employé. Une religion contre la religion catholique. » Ce qui caractérise cette religion, c'est d'être unificatrice comme le mentionne le récent bulletin interne *Paroles plurielles*, qui collectionne les planches maçonniques des hauts grades du Droit humain et qui donne à la franc-maçonnerie la qualification de religion unificatrice, au sens où l'entendait Helena Blavatsky, fondatrice de la Société de théosophie, adepte de la théorie de la « Tradition primordiale », et proche d'Annie Besant, également franc-maçonne et théosophe. Dans une planche figurant à ce bulletin très secret, on peut lire : « La franc-maçonnerie, comme tout ésotérisme, vise à réunifier des connaissances présentes dans toutes les traditions philosophiques et religieuses, avec l'idée que derrière elles se cache une religion primordiale de l'humanité[1]. » Il faut préciser que ce bulletin est à diffusion très confidentielle puisque les membres des loges bleues, y compris ceux possédant le titre d'officier, n'y ont pas accès en raison du « secret dans le secret » entourant les hauts grades.

1. R.°.L.°.Perf.°. (respectable loge de perfection), n° 65, « La Pierre d'Agathe », Vierzon, *Paroles plurielles*, hors série, mai 2011, p. 39.

Ainsi, dans une sorte de syncrétisme, l'institution initiatique fait sienne nombre de croyances et constructions purement spéculatives qui ont tenté d'offrir, depuis l'Antiquité, une explication existentielle, à savoir notamment la religion de l'Égypte ancienne, le zoroastrisme, le manichéisme, la kabbale, le pythagorisme, l'alchimie, l'astrologie, le gnosticisme, etc. Et c'est au travers de ces références qu'elle a voulu interpréter les Écritures bibliques. Il est même permis de penser que la plupart de ces interprétations, tel le récit de l'assassinat d'Hiram, ne relèvent que de la pure invention, essayant de faire correspondre les Écritures bibliques et la mythologie maçonnique.

Tout se passe comme si la franc-maçonnerie entendait réduire les Églises, et principalement l'Église, pour lui substituer une néo-religion maçonnique. Ainsi que me le disait il y a quelques années un ami franc-maçon du Grand Orient de France, à Antibes : « Bientôt, il n'y aura plus aucune religion ! » La franc-maçonnerie poursuit un objectif multiséculaire, à l'échelle de l'humanité, ainsi que l'affirmait Albert Pike : « Nous construisons lentement et détruisons rapidement [...]. Pierre après pierre, par l'effort conjugué et le labeur persistant des apprentis, des compagnons et des maîtres, les murs s'érigèrent [...]. Sois patient, mon frère, et attends[1]. »

De tout ce qui précède, il est aisé de constater que la doctrine maçonnique s'oppose totalement à celle de l'Église catholique. Et cette opposition n'est pas simplement de principe. Elle est effective, quoi qu'en disent de nombreux dignitaires de la franc-maçonnerie. À preuve, et sauf erreur, je n'ai trouvé aucune déclaration publique des obédiences du Grand Orient de France, du Droit humain, de la Grande Loge féminine de France, ou de la Grande

1. Albert Pike, *Morals and Dogma*, p. 320. Trad. de l'auteur : « *We build slowly and destroy swiftly [...]. Stone after stone, by the combined effort and long toil of the Apprentice, Fellow-Craft, and Masters, the walls arose [...]. Be patient my Brother, and wait !* »

Loge de France, dénonçant la persécution et le génocide des chrétiens qui se perpétuent au Moyen-Orient. Ainsi que questionne, dans un article très courageux du *Figaro* du 26 février 2015, Maxime Tandonnet : « Où sont passés les défenseurs des droits de l'homme ? » Leur silence est plus qu'assourdissant. J'en ai honte pour eux.

Oui, j'avais participé à la construction d'une société dont les fruits se nomment divorce, avortement, euthanasie… Je prenais conscience que la franc-maçonnerie, sous couvert de « rassembler ce qui est épars », selon la formule « maçonnico-alchimique », ne serait, en fin de compte, qu'un « masque rassurant », selon la terminologie du Suprême Conseil des rites, derrière lequel se cache tout simplement le Diviseur.

Les fruits de Lucifer s'organisent en effet autour de la notion de division. Les loges maçonniques sont divisées entre elles, par volonté d'hégémonie. Certaines obédiences s'excluent réciproquement. Et un franc-maçon qui appartiendrait au Grand Orient de France ne pourrait faire partie de la Grande Loge féminine de France, cette dernière refusant d'affilier des hommes. De même que la double appartenance d'une *sœur* de la GLFF à la Grande Loge de France est impossible, car elle n'initie aucune femme. La Grande Loge de France n'accepte pas non plus, sauf à ce qu'ils encourent la radiation de leur obédience d'origine, que leurs membres soient en même temps affiliés au Grand Orient de France. Enfin, la double affiliation entre, d'une part, Grand Orient de France, Grande Loge de France, Droit humain et, d'autre part, Grande Loge nationale de France est également impossible. Il faut savoir que la 3e chambre civile du TGI de Nice a rendu un jugement[1] décidant qu'en l'état certaines restrictions à la double appartenance maçonnique « constituent une violation de la liberté d'association et

1. TGI de Nice, 3 ch., 2 octobre 2001, X c/ Grande Loge nationale française.

une discrimination non justifiée ». Sanction jurisprudentielle étonnante, s'agissant d'institutions initiatiques fondées sur la « liberté », l'« égalité », la « fraternité », la « tolérance », le « respect » et « l'amélioration spirituelle des ses membres » !

De même que certaines de ses obédiences s'excommunient entre elles, la franc-maçonnerie divise l'humanité en deux catégories, les initiés et les profanes. Les premiers évoluant à leur gré et secrètement au milieu des seconds, quand ceux-ci ne peuvent assister aux travaux en loge ni même avoir connaissance de leur contenu.

En revanche, la plupart des obédiences maçonniques « progressistes », comme nous l'avons vu s'agissant de la question du projet de loi de mariage homosexuel, s'entendent et font taire leurs dissensions, lorsqu'il s'agit de tenir des propos publics outranciers contre l'Église, de la réduire au silence, de détruire la Création, afin de lui substituer une autre création, émanation parfaitement humaine celle-là, et enfin de « dissoudre » la vérité révélée en l'atomisant afin de la rendre illisible, au bénéfice d'une nouvelle vérité au sein de laquelle prédominent les dogmes maçonniques.

V
Lucifer ne lâche pas prise

Les représailles du démon !

Quand le démon a occupé le navire

Pendant vingt-quatre années passées au sein de la franc-maçonnerie, après avoir « frappé en profane à la porte du Temple », j'avais entrouvert mon esprit à Lucifer. Il avait occupé le navire comme un passager clandestin. Je ne le voyais pas, je ne l'entendais pas. Mais il était présent et hantait mon voyage vers le salut, ainsi que j'en témoigne.

Une prière de délivrance de la franc-maçonnerie

À l'heure où déjà je prenais mes distances par rapport à la franc-maçonnerie, c'est-à-dire quelques mois avant ma démission, je décidai d'aller voir un prêtre. Je lui fis part de mes tourments et lui demandai conseil sur le choix que je pensais devoir faire de quitter la franc-maçonnerie. Je savais bien au fond de moi que je ne pouvais demeurer dans l'ambivalence de deux chemins qui s'opposaient sur le plan de la foi et de la spiritualité, mais je souhaitais l'avis d'un homme religieux et véritablement éclairé. Pour ce qui me concernait, le choix était simple : ou bien je restais un « fils de la Veuve », ou bien je devenais à nouveau un « enfant de Marie ». Le prêtre m'écouta longuement avec attention. Il me confirma que les deux situations étaient incompatibles. Il ne m'annonça toutefois rien sur l'aspect maléfique, qu'il ignorait peut-être, de l'appartenance à la franc-maçonnerie, se contentant de corroborer que celle-ci s'éloignait notablement de l'enseignement du Christ. Il me proposa, si je persistais dans mon intention de démission, de revenir le voir pour une prière de délivrance.

Nous étions, quelques jours plus tard, le prêtre et moi, en train de prier. Dans ses yeux d'un bleu profond, je voyais toute la bonté du Seigneur. « Aimer, c'est tout donner et se donner soi-même[1]. » Cet homme m'aimait d'un amour désintéressé et sincère, sans pourtant me connaître. C'était l'amour de Dieu pour ses enfants qui se manifestait à travers lui.

Dans cette prière de délivrance, je voyais la miséricorde sans limite d'un Dieu qui nous aime au-delà de tout ce que l'imagination humaine peut concevoir. La prière du prêtre était bien un don. Le don de celui qui sauve une personne sur le point de se noyer.

Tout était calme et serein, dans cette petite pièce...

Soudain, une locution haineuse et brutale retentit dans ma tête :

« Tout ça, c'est des foutaises ! »

Ce ne fut pas seulement une phrase, mais un véritable hurlement dans mon esprit. Une voix venimeuse venait de résonner en moi. Je n'avais même pas pensé ces mots. Ils avaient été prononcés en moi comme un flot impétueux et boueux qui, lorsqu'un barrage cède brutalement, envahit irrésistiblement un paysage innocent et tranquille.

---

1. Sainte Thérèse de Lisieux, « Pourquoi je t'aime, Marie », poème, mai 1897.

Cependant, rien n'avait jailli de ma bouche. Mon âme avait sans doute eu le dessus sur mon esprit et l'avait sauvé de l'insulte. Ce fut si brutal et si intense que je fus contraint de le dire au prêtre :

« Mon père, "on" me parle ! »

Je rapportai les mots entendus. Il me regarda, puis me répondit avec un sourire amical :

« Ne vous inquiétez pas. L'Ennemi est contrarié quand une proie lui échappe. Cependant, même s'il rugit, il ne peut rien contre la puissance du Christ ! »

Comme je devais l'apprendre par la suite, « c'est durant la libération que les personnes qui sont réellement infestées [...] réagissent et, quelquefois, de façon très violente[1] ».

Et moi, j'avais, par vingt-quatre années de pratique de rituels occultes en franc-maçonnerie, de manière parfaitement inconsciente, entrebâillé une porte à Lucifer. Il avait passé son pied entre l'ouvrant et le dormant de l'huisserie, puis il était entré subrepticement.

À la fin de la prière de délivrance, je fus secoué, sans raison physiologique, par une horrible quinte de toux sèche. Je me mis à tousser au point de ne plus pouvoir parler. Le père me servit un verre d'eau. Il m'expliqua :

« Cela fait partie des symptômes qui peuvent intervenir. Je ne vous en ai pas parlé préalablement afin de ne pas vous influencer, ni surtout vous inquiéter. »

Le chanoine avait entièrement raison. On ne se libère pas aussi facilement d'une emprise initiatique. Car les pratiques maçonniques ont une influence réelle, même si celle-ci est secrète. Je pourrais même dire d'autant plus réelle qu'elle est secrète. C'est-à-dire que la pratique du symbolisme maçonnique agit avant tout en secret, et donc « à partir de l'intérieur », sur le psychisme et sur l'esprit, au

1. Père Gilles Jeanguenin, *Le diable existe*, Salvator, 2009, p. 114.

plus intime de l'être. Par conséquent, lors d'une action de délivrance, c'est l'âme qui doit rejeter en toute conscience les péchés commis, les scories qui l'ont salie : « Seule une repentance profonde, face à la gravité des actes, rites, alliances et pactes qui ont été commis et conclus [...] dans le cadre de la franc-maçonnerie, peut effacer les droits légaux du diable à infliger de lourdes malédictions [...]. Seule cette conviction de péché, apportée par l'Esprit de vérité, peut donner l'autorité nécessaire pour briser, au nom de Jésus-Christ, les malédictions qui en ont découlé[1]. »

L'initié est, tout au long de son parcours initiatique, progressivement et subrepticement éloigné de la foi chrétienne. En effet, pendant la cérémonie d'initiation, le Vénérable Maître pose cette question, à laquelle le futur apprenti est, bien entendu, tenu de répondre par l'affirmative :

« Néophyte, vous engagez-vous à obéir fidèlement à notre Constitution et à nos lois ? À travailler avec zèle, constance et régularité à l'œuvre de la F.°.M.°.[2] ? »

Or il faut remarquer que les Constitutions internationales sur lesquelles le franc-maçon prête un serment solennel dès l'initiation, sans aucunement savoir à quoi il s'engage sur le plan spirituel, imposent très clairement au franc-maçon de refuser tous les « dogmes ». C'est ainsi que le chrétien qui est initié, comme ce fut mon cas, rejettera inévitablement les dogmes de sa foi, notamment le *Credo* pour les catholiques !

Par ailleurs, dès l'initiation, le franc-maçon fait également serment de graver dans « la pierre brute », c'est-à-dire au plus profond de lui-même, les bouleversements qui résulteront de l'enseignement maçonnique.

---

1. Michelle D'ASTIER DE LA VIGERIE, « Libération de la franc-maçonnerie », p. 7 (www.judeochretien.com/delivrance-liberation-franc-maconnerie.pdf).
2. *Rituel d'initiation au grade d'apprenti*, Droit humain, p. 55.

À peine « créé » apprenti par le Vénérable Maître, le franc-maçon commence à « dégrossir sa pierre », selon l'expression maçonnique : il travaille à sa transformation. Le Vénérable Maître commande au *frère* (ou à la *sœur*) Grand Expert :

« F.°. Gr.°. Exp.°., veuillez faire faire à l'apprenti son premier travail sur la pierre brute[1]. »

Le Maître des cérémonies conduit alors l'apprenti au pied des marches de l'Orient. Le Grand Expert lui fait mettre le genou droit sur la première marche, lui remet un ciseau et un maillet, et lui montre comment il doit frapper trois fois sur la pierre brute.

Dès qu'il est revêtu de son tablier d'apprenti, le nouveau franc-maçon s'engage donc à se débarrasser de tous ses « préjugés » et à s'imprégner personnellement de la doctrine maçonnique, ainsi qu'il ressort du dialogue rituel suivant :

« Quelle est cette pierre brute ? C'est l'homme lui-même, en tant que produit grossier de la nature, appelé à être poli et transformé par l'Art[2]. »

L'Église, qui a parfaitement connaissance des difficultés spirituelles auxquelles sont confrontés celles et ceux qui souhaitent quitter la franc-maçonnerie, est consciente de la nécessité d'un processus de délivrance.

C'est dire qu'une délivrance spirituelle est particulièrement indispensable pour les anciens francs-maçons ayant la volonté d'accepter la grâce de la foi, qui est un don de Dieu. Et que la conversion, comme j'en témoigne, n'est ni facile ni automatique. L'intervention d'un prêtre est, sinon indispensable, en tous cas recommandée : « La prière de délivrance est à situer dans ce gouvernement de

1. *Ibid.*, p. 59.

2. Oswald WIRTH, *La franc-maçonnerie rendue intelligible à ses adeptes*, t. I : *L'apprenti*, *op. cit.*, p. 139.

Dieu par rapport au mal qui accable l'homme[1]. » « Mais la libération sera d'autant plus difficile qu'il aura gravi de nombreux échelons, entrant dans des alliances de plus en plus étroites avec les autres membres maçons[2]. »

Et moi, j'avais été apprenti, compagnon et maître. Puis j'avais exercé la plupart des offices, dont certains à plusieurs reprises : Maître des cérémonies, Premier Expert, Grand Expert, Second Surveillant, Orateur, Vénérable Maître. Enfin, j'avais été coopté dans les hauts grades et j'avais été, du 4e degré au 12e degré des hauts grades, Maître secret, Maître parfait, Secrétaire intime, Prévôt et Juge, Intendant des bâtiments, Maître élu des neuf, Illustre Élu des quinze, Sublime Chevalier élu, Grand Maître Architecte. Je n'avais démissionné que peu avant d'être élevé aux 13e et 14e degrés, qui m'auraient conféré les grades de Chevalier Royale Arche, puis de Grand Élu de la voûte sacrée. J'étais par conséquent parvenu à mi-chemin des hauts grades symboliques, qui se terminent avec le 30e degré de la franc-maçonnerie noire, celui de Chevalier Kadosh.

Oui, chez moi, l'emprise de Lucifer était puissante…

Seule la voie de la délivrance et de la prière, que l'Église et ses prêtres nous proposent, permettent de s'affranchir de l'influence maçonnique et de sa séduction.

La franc-maçonnerie possède plusieurs façons de séduire :

• dans un monde de plus en plus individualiste, par l'illusion d'une « fraternité initiatique », qui s'avère d'ailleurs apparemment chaleureuse ;

• par le réseau relationnel qu'elle offre, les avantages matériels ou professionnels qui peuvent en résulter ;

---

1. Père Paul-Marie de Mauroy, c.s.j., « Pourquoi la délivrance », site de l'International Association for Deliverance (vade-retro.fr/delivrance.html).
2. Michelle d'Astier de la Vigerie, *loc. cit.*, p. 5.

• par le sentiment, si valorisant tant il flatte l'amour-propre, d'œuvrer au bonheur de l'humanité ;

• mais aussi par l'attrait du secret et la curiosité que la franc-maçonnerie suscite ;

• également par une sorte de fierté qui peut se déduire de l'appartenance à une « société initiatique » dont l'accès est très restreint. C'est un moteur puissant, agissant par l'orgueil, faiblesse humaine luciférienne par essence, et il est l'un des pièges par lequel l'institution initiatique séduit les candidats, ainsi que l'exprime un rituel des hauts grades. Et bien entendu, ce rituel n'est pas connu des profanes, ni même des membres des loges bleues, apprentis, compagnons ou maîtres, même si parmi ces derniers se trouvent des officiers. Les termes du rituel prononcés par le Sublime Grand Maître sont sans ambiguïté :

« Serait-ce un mal qu'un homme en état de nous comprendre surprît notre secret ? »

À quoi le Premier Excellent Gardien répond :

« Nous ne nous cachons que pour susciter, par l'attrait du mystère, le désir de pénétrer parmi nous[1]. »

Par ailleurs, des liens occultes, mais bien réels et agissants, tissés lors des pratiques maçonniques, doivent être coupés. On pense notamment à ceux qui retiennent entre eux « les francs-maçons présents par le corps ou par l'esprit », lors de la cérémonie de la Chaîne d'union. Et, en plus de s'être lié à l'obédience maçonnique par divers serments, le franc-maçon s'est relié à ses *sœurs* et *frères*, ainsi qu'à certaines puissances maléfiques, en devenant un maillon, « solide » qui plus est, de la Chaîne d'union, qui « *les unit par delà l'espace et le temps* ». C'est-à-dire de manière immatérielle, magique. Ces incantations ne sont

1. *Rituel d'ouverture des travaux au 12e degré de Grand Maître Architecte*, Droit humain, p. 8.

pas neutres. Elles opèrent clairement une emprise dont seule la grâce de l'Esprit Saint peut délivrer.

Les pratiques occultes, telles que celles de la franc-maçonnerie, permettent le commerce avec Lucifer, et celui-ci n'abandonne jamais. « Celui que la Bible qualifie d'"homicide et de menteur" (Jn 8,44b) n'est pas un esprit pacifique et rémissible : au contraire, il est toujours sur le pied de guerre, tel un ennemi redoutable », avertit le père Jean-Baptiste[1].

Il y eut à mon encontre, ou à celle de ma famille, bien d'autres actions dissuasives du démon – et non des moindres ! – qui intervinrent pour certaines en présence de témoins. Des faits ou des événements qui ne sauraient s'expliquer naturellement ou rationnellement. Mais il n'est pas utile de les mentionner ici. Je ne les évoque par conséquent qu'à titre informatif et sans procéder à leur exposé. Ce furent des phénomènes inquiétants d'infestation diabolique.

Il me fallut donc suivre un véritable chemin de libération.

Un long chemin de libération

En ce qui me concerne, j'ai dû passer par deux séances de délivrance à quatre années d'intervalle, dont l'une avec un prêtre exorciste. Je traverse depuis environ quatre années des épreuves terribles. Mais je loue le Seigneur car ma foi en est purifiée : « Les pièges des méchants m'environnent ; je n'oublie pas ta loi » (Ps 119,61). Ces difficultés, notamment matérielles et humaines, m'auraient indiscutablement abattu si la Vierge Marie et son Fils Jésus-Christ, ainsi que de nombreux saints, ne se tenaient pas à mes côtés. « Le Malin ne lâche pas aussi facilement ses proies, il a encore une influence maléfique sur elles jusqu'à ce

1. Père Jean-Baptiste, *op. cit.*

qu'elles lui soient ôtées. Les liens occultes [...] peuvent donc demeurer longtemps insoupçonnés et cachés[1]. » La foi doit par conséquent être posée sans cesse, par des actes renouvelés, comme autant d'armes permettant de lutter sans relâche contre l'influence démoniaque. Les saints eux-mêmes ne sont pas à l'abri des attaques du démon. Que l'on pense par exemple aux tourments endurés par sainte Myriam, le saint Curé d'Ars, ou le saint Padre Pio.

« Il est vrai que le chrétien est un guerrier[2]. » Et il dispose de plusieurs armes spirituelles, dont je peux témoigner personnellement de la redoutable efficacité contre le démon : « Ces armes verticales sont des actes anagogiques, qui permettent de fuir la tentation vers le haut, en posant des actes de foi, d'espérance, de charité. Il y a aussi les sacrements, la Parole de Dieu, s'ouvrir à un père spirituel, les sacramentaux [...]. D'autres armes sont horizontales [...] : les vertus humaines acquises par un travail sur soi, qui permettent de rétablir l'ordre et la mesure là où il y a l'excès et la démesure [...]. Les armes verticales et horizontales mises en œuvre dans notre vie dessinent avec réalisme le signe de la Croix par laquelle nous puisons à la source du salut qu'est le Christ, victorieux du mal[3]. »

---

1. Père Gilles Jeanguenin, *op. cit.*, p. 144-145.
2. Christian Poirier, *Guérison et combat spirituel*, Salvator, 2011, p. 32.
3. *Ibid.*, p. 32-33.

VI
Conversion et paix

Conversion et délivrance

J'avais refusé l'aide des anges

Dieu n'abandonne jamais ses créatures. C'est un Dieu personnel qui s'est fait chair, qui marche à nos côtés, qui s'abaisse avec amour et compassion vers sa créature. Nous n'avons qu'un simple regard à tourner pour que Dieu nous donne son amour infini : « Voilà pourquoi je vous ai dit que nul ne peut venir à moi si cela ne lui est donné par le Père » (Jn 6,65). Même la franc-maçonnerie la plus déiste ne conçoit son dieu que comme un concept, une force cosmique, une énergie naturaliste. Les rituels maçonniques ne comprennent ni prière ni supplique, encore moins de louange.

Comme, au sein de la franc-maçonnerie, je pensais « veiller sur le sommeil des hommes », mais que je ne dormais pas à l'ombre du Tout-Puissant, nul ange ne m'avait porté sur ses mains : « Celui qui demeure à l'abri du Très-Haut repose à l'ombre du Tout-Puissant [...]. Car il ordonnera à ses anges de te garder en toutes tes voies. Ils te porteront sur leurs mains, de peur que ton pied ne heurte contre une pierre » (Ps 91(90) 1,11-12). Et les anges ne m'avaient pas porté car, orgueilleux que j'étais, je refusais leur aide. Ils s'étaient contentés de marcher à mes côtés, inquiets du jour où j'ouvrirais véritablement les yeux. J'étais entré en franc-maçonnerie pour y trouver le bonheur… quelle perte de temps ! Comment avais je pu me laisser entraîner dans ces loges ?

Baptisé et élevé dans la foi catholique, dans une famille peu pratiquante bien que m'ayant tout de même accompagné jusqu'à la communion et la confirmation, je m'étais peu à peu éloigné de la foi véritable. Je fus un adolescent des « années 68 ». Le monde dans lequel j'ai grandi a vu l'Église et ses prêtres conspués. Les comportements, certes critiquables, de quelques-uns ont été un prétexte pour salir l'ensemble de l'institution ecclésiale. Là où il aurait fallu voir l'action de l'Adversaire, et la chute de certains, c'est l'Église du Christ, tout entière, qui a été attaquée. Méprisée.

Il y a aussi les enseignements de philosophes pour qui « Dieu est mort », ou pour qui la religion est l'« opium du peuple », relayés par des enseignants zélés, opportunément « engagés » et révolutionnaires, et pourtant fonctionnaires d'État, qui n'hésitent pas à distiller leur propagande anarchiste. Une propagande qui dit qu'il faut désormais « interdire d'interdire ». Je ne comprenais pas que cela signifiait qu'il était désormais interdit d'avoir une morale et des principes vertueux. L'eau coule toujours vers le bas. Ainsi en est-il d'un adolescent qu'un enseignement perverti fait chuter peu à peu. Là où l'on transgresse, c'est toujours séduisant ! On ne comprend pas alors le danger. Il y a ainsi toute une propagande libertaire qui veut depuis des décennies « protéger la jeunesse de tous les déterminismes familiaux », comme l'a annoncé récemment Vincent Peillon, alors ministre de l'Éducation, s'agissant de la « Charte de la laïcité ». Je m'engouffrais donc dans la transgression avec entrain. C'était enivrant : il fallait « vivre vite, être “libre” et jouir sans entraves ». Mais bien plus tard, je devais me retrouver face aux questions éternelles de la vie, de la mort, du bien et du mal. Le cœur complètement vide, je devins le candidat idéal pour la franc-maçonnerie : à peine sorti de mes études supérieures, fonctionnaire de direction dans un domaine sensible, jeune, épicurien, ambitieux… et spirituellement atone !

Une enfance baignée dans une foi dont je m'étais éloigné

Pourtant, lorsque j'avais huit ans, mes parents m'avaient emmené au sanctuaire d'Ars. Dans la basilique, lorsque je vis le saint homme, préservé de la corruption des corps, il se passa quelque chose de singulier qui toucha mon cœur. J'eus le sentiment étrange de retrouver un ami ! Puis, à neuf ans, je rencontrai la Vierge Marie. Ensuite, à dix ans, lorsque je fis ma communion, une amie de ma famille m'offrit un rosaire en pétales de rose compressés, fabriqué par les carmélites du monastère d'Alba del Tormes, où mourut Thérèse d'Avila. À l'époque, mes parents, qui n'étaient pas très pratiquants, m'avaient fait faire ma communion plutôt par tradition. De mon côté, je n'en compris pas la portée. Aussi n'attachais-je que peu d'importance à ce rosaire. Mais, de manière surprenante, je l'ai toujours conservé, alors qu'il m'était indifférent. Il faisait partie, sans que je le sache, de ma vie : ce chapelet fut un don de sainte Thérèse de Jésus.

Puis, vers l'âge de vingt ans, je ressentis un appel pressant du Christ. C'était un peu avant de commencer mes études d'architecte. Je ne possédais aucune technique de dessin. Je fus pourtant pris de l'irrésistible envie d'exécuter un portrait du Christ en Croix d'après un plâtre que j'avais vu. Je réussis, sur format raisin, un rendu plus que satisfaisant pour un néophyte, au point que je le conserve depuis quarante-trois ans. Je me souviens avoir alors été envahi d'un amour brûlant en dessinant. Un feu ardent qui portait et illuminait mon âme !

Un bon candidat pour la franc-maçonnerie

Et puis, peu avant la trentaine, mon diplôme en poche, je commençai une vie d'adulte. Je ne tardai pas à voir que cette vie, trépidante tant elle était pleine d'amis, d'occupations et de loisirs, était en réalité d'une vacuité déroutante. Il manquait quelque chose dans mon existence. C'est que je ne savais pas l'amour du Christ et la tendresse de Marie. Pire, je les évitais : ce n'étaient que « bigoteries superstitieuses » ! Dieu était bel et bien mort et je préférais le whisky de longues soirées en discothèque que l'« opium du peuple » ! Venant de décrocher dans l'administration un emploi très en vue de directeur de l'urbanisme, je « régnais » sur la constructibilité d'une commune relativement importante. Mon futur parrain en franc-maçonnerie, que je connaissais depuis quelques mois, était agent immobilier. Je ne dis pas qu'il y eut chez cet homme le moindre calcul professionnel. Je ne peux pas le dire, tout comme je ne peux pas affirmer le contraire non plus. Je ne le saurai jamais… car j'ai quitté le département pour un autre emploi, trois ans après mon initiation, et peu après avoir obtenu en franc-maçonnerie le grade de maître.

Retour vers la foi chrétienne

Arriva ce jour, une petite quinzaine d'années plus tard, où je devins sceptique devant le contenu, l'objet et le résultat du chemin maçonnique. Confronté une première fois au mal, je retrouvai la foi. Une foi toutefois encore conceptuelle, voire un peu tiède. Parfois, les chemins du Seigneur s'empruntent tout d'abord à petits pas. Néanmoins, le lendemain de ma rencontre avec un prêtre franciscain à Aix-en-Provence, je courus – littéralement – vers la cathédrale d'Antibes. J'avais faim de communier, comme un naufragé longtemps affamé à qui s'offre, soudain, une abondance de nourriture… j'avais faim et soif du Christ ! Je ne comprenais pas ce qui m'arrivait, tout cela était bien trop grand.

J'interrogeai le prêtre dans la cathédrale, lui expliquant que je ne m'étais pas confessé depuis des décennies et que, surtout, je ne me souvenais d'aucune prière.

Avec un sourire bienveillant mais également heureux, le religieux me répondit :

« Pour ce qui est de la confession, nous verrons plus tard. Mais ne tardez pas trop si vous souhaitez recevoir à nouveau le corps du Christ. En revanche, pour ce qui est des prières, priez donc avec votre cœur, avec vos propres mots. Et dites au Seigneur ce que vous avez à lui dire. Il comprend tous nos langages, nous pardonne avec amour toutes nos maladresses. Et rien ne lui plaira plus ! »

Je fus bouleversé et, pour la première fois, je notai un contraste important entre l'Église et la franc-maçonnerie : le Seigneur n'est pas formaliste ! Alors qu'en loge il faut suivre un rituel plus que contraignant, après avoir réussi un improbable « concours d'entrée » dont on ne savait pas les règles, il suffit, dans une église, de s'asseoir et le Christ écoute avec tendresse nos mots les plus simples !

Un an plus tard, je trouvai un emploi de directeur général adjoint à Narbonne. Mon bureau était tout proche de la cathédrale. Comme je travaillais beaucoup, je m'accordais une pause de dix à quinze minutes par jour et me rendais dans une chapelle un peu à l'écart de la nef de la cathédrale.

Et je m'asseyais, face à Jésus. Je priais. Avec mes mots. Je faisais oraison sans le savoir ! Je ne savais d'ailleurs rien de la doctrine et de l'enseignement de l'Église. Puis, quelques années plus tard, peu après ma retraite à l'abbaye Sainte-Marie de Lagrasse, je repris véritablement le chemin de l'Église. J'allais prier le Rosaire au moins une fois par semaine devant sainte Thérèse de Lisieux. Puis je revenais à la messe. Tout d'abord, épisodiquement, le dimanche. Et, rapidement, chaque matin et chaque dimanche.

À vrai dire, tout ce qui m'est arrivé est un mystère. Pourquoi moi ? Si je n'étais pas revenu à la foi, si je n'avais pas vécu une conversion aussi déroutante que profonde, sans doute serais-je encore au sein des loges.

« Par quel miracle êtes-vous sorti de la franc-maçonnerie ? »

En me posant cette question, lors de l'une de mes conférences, une dame très croyante m'a permis de prendre conscience du miracle. J'allais lui dire que, même s'il existait parfois quelques mesures de « rétorsion », il était très simple, contrairement à une idée répandue, de quitter la franc-maçonnerie. Une lettre de démission suffisait ! À l'inverse des difficultés, réelles, pour y entrer, la démission était extrêmement facile. Je connaissais si bien la procédure que la réponse me vint aisément. Mais tout juste allais-je ouvrir la bouche que mes lèvres se figèrent. Mes yeux s'emplirent de larmes. Quelque chose venait de m'être révélé. Sa question allait au-delà des problèmes de forme. Par son intermédiaire, c'était le Seigneur qui me le demandait et me faisait comprendre toute la patience qu'il avait mise en œuvre afin de me « sortir de la franc-maçonnerie ». Le mot était juste. Un petit « miracle » m'avait permis de quitter les loges. En tous cas, il s'agissait d'une volonté de Dieu. Sans doute parce qu'il avait su que je le cherchais avec obstination, qu'il lui plaisait que je me laisse trouver par lui et que je me dégage de cette quête vers la connaissance qui se terminait par une impasse spirituelle et un pacte implicite avec Lucifer. J'avais « frappé en profane à la porte du Temple » parce que je cherchais la lumière et que je voulais aider au bonheur des hommes. Mais, en réalité, Dieu n'était pas dans les loges et le chemin initiatique que j'avais emprunté sentait le soufre. « Là où Dieu n'est pas, c'est là que l'enfer surgit, et l'enfer persiste simplement de par l'absence de Dieu. On peut aussi y arriver sous des formes subtiles et presque toujours en disant vouloir le bien des hommes[1]. »

---

1. Joseph RATZINGER, « Quel avenir pour l'Église », 8 avril 2001.

À fréquenter ces milieux occultes, j'avais sans le savoir participé à des pratiques magiques, cédé à la tentation du pouvoir que je pensais trouver en cheminant vers la connaissance, j'avais même subi des maléfices. J'avais finalement payé le prix de la révolte. Et Dieu, dans son infinie miséricorde, s'était penché sur ma misérable existence et m'avait, malgré tout, montré son immense amour. Il avait attendu patiemment que je comprenne le mal que je lui faisais, afin que mon cœur parvienne à accepter le dessein qu'il avait formé pour moi. « Si le Seigneur permet que le mal diabolique atteigne certaines personnes, c'est sans doute pour en retirer un plus grand bien. Ceux qui sont victimes de maléfices sont souvent plus sensibles et réceptifs à la grâce de Dieu que les autres[1]. »

Je n'ai pas choisi d'emblée le chemin du Seigneur. Bien au contraire, c'est lui qui m'y a amené. Et j'ai été emporté par son amour : « Ce n'est pas vous qui m'avez choisi ; mais c'est moi qui vous ai choisis et vous ai établis pour que vous alliez et portiez du fruit et que votre fruit demeure, afin que tout ce que vous demanderez au Père en mon nom, il vous le donne » (Jn 15,16).

Dieu mit à « contribution » ses saints, dans la difficile entreprise de convertir mon cœur. Les deux saintes Thérèse ont pris chacune de mes mains, avec douceur, pour Thérèse de Lisieux, et sans doute rigueur bienveillante, pour Thérèse d'Avila, et m'ont conduit devant sainte Bernadette, à Lourdes.

Nous avions décidé de passer deux jours à Lourdes avec mon épouse, afin de prier la Vierge Marie. Nous pensions qu'il était important de placer notre mariage à venir sous la protection de Notre-Dame de Lourdes. C'était le vendredi 18 février 2011. Alors que vers vingt heures trente nous dînions dans un restaurant du centre-ville, nous vîmes passer de nombreuses personnes se dirigeant dans

1. Père Gilles Jeanguenin, *op. cit.*, p. 89.

la même direction. Certains avaient une bougie dans leur main. Une procession, avec ce froid d'hiver et en pleine nuit? Sortant et suivant ces gens par curiosité, nous arrivâmes effectivement au sein d'un cortège. Il faisait très froid, mais nos cœurs se remplirent rapidement de toute la chaleur de la foi qui se dégageait de ces chants. C'était magnifique. Nous atteignîmes la grotte, où se déroula une messe. Puis, sur le retour, on nous apprit que le 18 février est la fête de sainte Bernadette. Il n'y avait pas de hasard ! Cette petite bergère inculte devenue une grande sainte m'a ainsi conduit avec tendresse jusqu'à la Vierge Marie.

« La Mère du Rédempteur a su racheter Ève de son péché en se faisant l'instrument du salut de tout le genre humain [...]. Bien des saints nous enseignent que la prière du Rosaire est une arme puissante contre le démon[1]. » Il n'y avait qu'elle pour me sauver de l'emprise démoniaque : « On peut dès lors affirmer que Marie est la *Vierge puissante contre le mal* car elle est l'unique créature humaine totalement victorieuse de Satan et de toute son armée[2]. »

Et la Mère de Dieu m'a ensuite conduit avec bienveillance jusqu'à son Fils bien-aimé. Chaque jour, je rends grâce au Seigneur pour sa miséricorde et je remercie tous ces saints de s'être inquiétés de mon salut.

Des actes pour faire grandir la foi

En 2012, je venais d'être lapidé par un groupe de francs-maçons et de politicards qui s'étaient servis de moi. Au terme de cette année de souffrances et de tourments, de maléfices et de complots minables, quelques mois après avoir été touché en plein cœur par l'Esprit Saint à Lourdes[3] et avoir fait la brûlante expérience de l'amour

1. *Ibid.*, p. 130.
2. Père Francesco Bamonte, *op. cit.*, p. 46.
3. Voir *J'ai frappé à la porte du Temple, op. cit.*, p. 135-138.

du Seigneur dans ma vie. Je voulais rendre tout ce mal que l'on m'avait fait et qui avait durement touché ma famille également. Je fis pourtant le choix d'écouter le Seigneur et de transformer tout ce mal en bien. Après avoir sollicité l'avis de deux prêtres, le père M. et le père F., à qui j'avais demandé de m'éclairer, sur ma décision d'accompagner les malades, je frappai à la porte du bureau de l'aumônerie de l'hôpital de Narbonne.

Je peux témoigner aujourd'hui que cet accompagnement des malades a été un véritable chemin de guérison spirituel, ancrant ma conversion dans les pas du Christ et renouvelant mon engagement à ses côtés. Quand la franc-maçonnerie travaillait à élaborer et promouvoir une loi autorisant l'euthanasie pour les personnes en fin de vie, je découvrais un ministère de compassion qui seul pouvait apporter une réponse convenable et humaine à la souffrance et à la dignité de l'homme. Une réponse de vraie lumière, pour chacun. Et pour la gloire de Dieu.

Je compris alors que le combat contre le mal ne doit en aucun cas utiliser les armes de l'Adversaire. La réponse au mal, c'est le bien. Je devais porter l'amour du Christ à des personnes bien plus « pauvres » que moi ! Cela n'était pas dans ma nature habituelle. J'avais eu, jusque-là, plutôt mauvais caractère et tendance à rendre « coup pour coup » : œil pour œil et dent pour dent ! Mais cet appel que je ressentis fut tellement plus grand que moi. Ce fut un appel extérieur, imprévisible et irrésistible. Comme un cas de force majeure, selon la terminologie du juriste. Mais ce fut bien plus encore.

La visite des malades

Je fus reçu par Anne-Marie, qui était aumônier de l'hôpital et tertiaire franciscaine. Elle me demanda quelles étaient mes motivations. Je ne savais pas très bien comment lui expliquer ce que j'avais au fond du cœur. Qu'allais-je lui dire ? Que je voulais répondre à l'appel du

Christ? Comment dévoiler à une personne que l'on ne connaît pas des sentiments de foi aussi personnels? Ne me prendrait-elle pas pour un illuminé? Je décidai paradoxalement d'être le plus franc et le plus direct possible :

« À vrai dire, j'ignore un peu pourquoi je suis devant vous aujourd'hui. C'est quelque chose que je ressens en moi. Je crois que ma place est à côté de ceux qui souffrent. Je veux parler des malades qui sont hospitalisés… »

À la vérité, quelque chose d'irrésistible m'appelait auprès des mourants et des agonisants. Mais je n'osai bien entendu pas lui dire tout cela. Et je n'évoquai donc nullement les mourants. Aujourd'hui, j'ai bien compris qu'il y avait dans cet appel la voix de l'Esprit Saint, agissant en moi afin je me laisse transformer en instrument de l'amour de Dieu, là où les conséquences de l'œuvre du diable sont les plus révoltantes : la mort.

Et seul l'amour de celui qui se donne pouvait réussir à vaincre le mal.

Je précisai donc simplement mon souhait de rencontrer les personnes hospitalisées afin de leur apporter un peu de réconfort. Anne-Marie me proposa de l'accompagner dans ses propres visites pendant quelques semaines. Je l'observais et tentais parfois maladroitement de participer. Un jour que je lui posai une question sur la meilleure manière d'approcher une personne alitée et souffrante, elle me répondit, avec un regard direct et un tutoiement qui démontrait déjà un peu sa confiance dans ma démarche :

« Serge, il n'y a pas de méthode ! Tu verras que chaque cas est particulier. Chaque patient est une personne unique devant Dieu… »

Je compris que, dans ce domaine, il n'y avait que peu à comprendre. Mais tout à partager. Elle m'avait affecté au service de pneumologie et de diabétologie. Je l'y accompagnais donc en attendant qu'elle juge du jour où je serais apte à être seul.

Anne-Marie semblait très à l'aise avec les malades. Elle leur prenait la main, caressait parfois leurs cheveux. Et moi, j'avais le sentiment d'être paralysé : je restais debout, en retrait, hésitant, bloqué, lointain… mon cœur était glacé.

Mais, peu à peu, l'aumônier inversa les rôles et me demanda de prendre l'initiative. Je commis certes un certain nombre de petites bévues, mais globalement tout se passa bien. J'en fus le premier surpris.

Un jour que nous étions en pneumologie dans la chambre d'une personne d'un certain âge et qui respirait à grand-peine malgré son masque à oxygène, ce fut pour moi comme une lumière éblouissante ! Je compris que cette femme allait partir. Elle gardait les yeux clos et son torse se soulevait comme si l'air avait été rarissime dans la pièce. Et pour elle, il l'était véritablement, compte tenu de l'état de ses poumons. Oui, sa fin était toute proche. Sans plus réfléchir, je pris la main de cette personne et me mis à prier, des larmes pleins les yeux. Je me surpris à caresser les cheveux de cette mourante, avec une tendresse et une compassion profondes, afin que cette inconnue ne s'en aille pas seule… Ma prière pour son âme, mon geste de tendresse pour son cœur. Peu m'importait qui elle était, d'où elle venait, ce qu'elle avait pu faire dans sa vie : elle était une sœur en humanité. Nous nous trouvions alors tous deux, à cet instant, devant le Christ. Et elle, elle allait le rejoindre. Je n'étais plus ce bloc de glace que j'avais été jusqu'à ce jour, totalement inhibé, sinon indifférent, devant la souffrance humaine. Je me laissai transformer par l'amour du Christ !

Nous revînmes à l'aumônerie. Anne-Marie, qui avait perçu le cataclysme silencieux et invisible qui s'était opéré en moi, me dit avec un sourire mi-amusé, mi-malicieux :

« Je pense que tu peux visiter seul, maintenant. J'ai bien envie de te laisser te débrouiller. Tu t'en sortiras bien ! »

La Croix a vaincu le mal

Je conçus quelque appréhension lorsque je frappai à une première porte la semaine suivante. Mon cœur battait très fort. J'étais seul. Le couloir devant cette porte me semblait démesurément long. À quel infini allais-je être confronté en entrant dans cette chambre ? Mais sainte Thérèse de Lisieux, dont je commençais à lire les écrits, m'avait enseigné que « le Bon Dieu ne peut pas me donner des épreuves qui sont au-dessus de mes forces[1] ». Alors, j'entrai. J'ignorais que le diabète est une maladie horrible. Je pensais que, bien qu'elle puisse s'avérer fatale, le malade pouvait se maintenir grâce à des injections d'insuline. En réalité, cette affection peut contraindre à des amputations d'orteils, de pieds ou même de jambes. Car des cas de gangrène peuvent survenir par insuffisance d'oxygénation et par sclérose des tissus. C'est dans ces circonstances que j'ouvris la porte. Alors que nous faisions connaissance, la personne que je visitais me découvrit ses deux jambes, ou plutôt ce qu'il en restait ! Les deux membres avaient été amputés, l'un après l'autre, jusqu'à mi-cuisse. Je ne sus que dire. J'étais gêné. J'étais sans voix. Mais, à ma grande surprise, la dame, qui m'observait, éclata de rire :

« Mon bon monsieur, me dit-elle sur le ton de celle qui va vous conter une plaisanterie, je m'en vais en petit morceaux. Me voilà presque cul-de-jatte ! »

Elle riait de bon cœur ! Elle ne demandait pas d'euthanasie et ma présence la confirmait dans son entière dignité. Malgré ses moignons, elle était tellement plus grande que moi ! Le regard du Seigneur, qui venait à travers mes yeux émus, et sans que je m'en rende compte, posait de l'amour sur ses douleurs. Elle poursuivit, apparemment décidée à m'arracher un fou rire :

« Au moins, je n'aurai plus de problème pour me couper les ongles des pieds ! »

---

1. Sainte Thérèse de Lisieux, *Histoire d'une âme, op. cit.*, Lettre 36.

Sa joie devint contagieuse. Je me mis à rire et à plaisanter avec elle.

Je devais partager les souffrances de ces gens quelle que soit la manière dont le Bon Dieu me les faisait vivre et dont je n'avais nullement à juger. Je découvrais l'immense liberté qu'offrait l'obéissance au Seigneur, une liberté d'amour, authentique parce que donnée par ses saintes mains et délivrée de toute recherche d'inutile et maléfique « connaissance ». Être libre est très simple : il suffit d'aimer son prochain comme soi-même ! Et d'aimer le Seigneur dans ce prochain…

Comme l'ambiance était détendue et légère, je la serrai tendrement contre moi et lui avouai que, comme elle semait des petits bouts d'elle-même un peu partout, désormais je l'appellerais « mon Petit Poucet ». Elle riait encore quand je sortis de la chambre. Et mes yeux étaient encore pleins de larmes de joie alors que je prenais le chemin de la chapelle. Il me fallait prier pour cette femme. Mais les larmes que je pleurais alors furent des larmes de tristesse, de désespoir, puis de colère. Je souffrais dans ma chair les tourments de cette dame ! Je comprenais toute la détresse cachée derrière ses plaisanteries. Elle avait ri afin de ne pas pleurer devant moi, avec moi. Elle savait que j'aurais pleuré aussi. Il me vint l'envie, entre deux prières, d'insulter le démon, que je voyais en pensée, un rictus mauvais au coin des lèvres, se rengorger du résultat de ses méfaits sur elle. Le rire de dérision de la diabétique se transformait en sarcasmes du diable ! Je voyais le visage hideux de Satan se gausser des souffrances. Un rire démoniaque, de satisfaction devant la souffrance. La colère me prit : un courroux que je sentais venir du fond de moi-même et qui allait me submerger. Une digue qui allait à nouveau se rompre. Mais à l'instant même où je sentis que j'allais perdre pied, j'entendis dans mon esprit, au plus profond de moi-même, la voix du Christ, d'une douceur infinie :

« Non, Serge, ne deviens pas comme lui. Il n'attend que cela pour te faire chuter. Oublie le démon, pleure encore et prie plutôt pour elle. Tourne-toi vers mon Cœur. Avec amour, tout comme moi, je t'aime. »

Je compris que le Seigneur m'encourageait sur mon chemin, m'invitant à déposer les souffrances de cette personne à ses pieds. La Croix avait bel et bien vaincu le mal. Définitivement ! Et moi, je venais de prendre le bon chemin.

Il n'existe pas de « théorie » de la souffrance en franc-maçonnerie. Car Hiram, personnage au centre de la mythologie maçonnique, n'a vécu aucune Passion. Il a simplement été assassiné par suite de son refus de dévoiler aux « mauvais compagnons » le mot secret des maîtres. La franc-maçonnerie ne se prononce donc pas sur la souffrance humaine, sauf dans le cadre d'un dualisme spéculatif. Elle ne se réfère même pas au mal, dont elle ne fait, lorsqu'elle aborde ce concept, et comme nous l'avons vu précédemment, que l'inverse nécessaire du bien, au sein d'un système métaphysique qui lui est propre. Comme l'avait judicieusement écrit le père Michel dans la préface de mon précédent ouvrage : « Cette religion-là a laissé Serge Abad démuni devant le mystère du mal. »

En fin de compte, là où Hiram ne nous apporte aucune réponse, le Christ nous guérit par ses blessures et son sang béni.

Un appel confirmé, parce qu'authentique dans l'Esprit

Quelques semaines plus tard, je vis qu'Anne-Marie me faisait également visiter d'autres chambres qui ne dépendaient pas des services de diabétologie et de pneumologie. Régulièrement, elle m'indiquait, sur sa liste, des patients se trouvant au deuxième étage. C'étaient, me disait-elle, des cas particuliers qu'elle n'avait pas, ou peu, le temps de voir[1]. Je prenais cela très à cœur et

1. Il y a 250 lits à l'hôpital de Narbonne.

j'étais sans cesse en prière pour eux, car c'étaient des cas difficiles.

Je m'aperçus rapidement que presque tous étaient en fin de vie. Pensant les soutenir simplement pour un temps, je les accompagnais, en réalité, jusqu'à leur dernier souffle. Un jour, toutefois, je m'en inquiétai :

« Anne-Marie, quelque chose me trouble. J'ai passé quelques mois en diabéto et en pneumo, et maintenant tu m'envoies de plus en plus souvent au deuxième étage, vers des personnes très mal en point. D'ailleurs, toutes ces personnes que je visite meurent quelques jours ou semaines plus tard. »

Elle leva des yeux rieurs sur moi et me répondit, très calmement :

« C'est parce que c'est avec ces personnes en fin de vie que se trouve ta place. »

Je fus sidéré ! Je n'avais rien dit de tout cela, ni aux prêtres ni à l'aumônier. J'avais simplement ressenti un appel du Christ afin d'accompagner les mourants. Mais je n'avais rien confié de cela à quiconque, par crainte du ridicule. Et voilà que le Seigneur me confiait le ministère auquel il avait décidé de me dédier. Depuis ce jour, Anne-Marie et moi avons convenu que je serais exclusivement affecté au service des soins palliatifs. Alléluia ! « Béni soit le Seigneur qui visite et rachète son peuple » (Lc 1,68). J'avais voulu servir Dieu, et voilà qu'il avait exaucé mes prières d'être à son service ! Cet appel que j'avais ressenti d'être auprès des personnes en fin de vie ne venait donc pas de moi. C'était l'Esprit du Très-Haut qui m'avait inspiré ce désir d'engagement.

Dieu n'a pas créé le mal

Dieu n'a pas créé le mal : « Car Dieu n'a pas fait la mort, il ne prend pas plaisir à la perte des vivants » (Sg 1,13). Mais, pour la franc-maçonnerie, la mort permet à l'homme profane, qui la choisit volontairement, de connaître l'initiation : « Une mort volontaire permet seule au profane de renaître à la vie supérieure de l'initiation[1]. » Sans doute pourrait-on voir ici le fondement de l'attrait, sinon de la fascination, qu'exerce dans l'esprit des francs-maçons cette « mort volontaire » qu'est l'euthanasie. C'est bien ce que l'on m'avait enseigné lors de mon élévation au grade de maître : « C'est bien par la mort à la vie profane que le futur maçon commence son initiation dans le "Cabinet de réflexion" et c'est par une seconde mort symbolique : la mort d'Hiram, que l'initié parvient à l'adeptat[2]. »

Hormis le *dogme maçonnique* selon lequel seul le trépas conduit à l'initiation véritable, la franc-maçonnerie fait de la mort un symbole et laisse finalement sa portée métaphysique à la libre appréciation de ses adeptes. Il n'y a en franc-maçonnerie aucune référence à la vie éternelle. Hiram, dans la croyance maçonnique, se réincarne, notamment lors de la Chaîne d'union, comme nous l'avons vu, mais également lors de chaque élévation à la maîtrise, en chaque maître franc-maçon : « Hiram qui, par ses "enfants", ressuscitera d'entre les morts[3] ».

Or ce n'était pas cette mort symbolique ou initiatique que j'allais rencontrer lors de l'exercice de mon ministère au sein de l'aumônerie de l'hôpital de Narbonne.

Comme très souvent, je frappai à la porte d'une nouvelle chambre, sans savoir qui s'y trouvait. J'ai bien ma liste, avec nom, prénom, âge des personnes que je vais rencontrer. En face de ces indications, une autre, déterminante, définitive, glaçante : « Soins palliatifs ». Mais, lors de la première rencontre, j'ignore tout de ces gens et de l'accueil qu'ils me réserveront. J'ai à chaque fois l'impression de sauter dans le vide. Ce jour-là, j'entrai dans

1. Oswald WIRTH, *La franc-maçonnerie rendue intelligible à ses adeptes*, t. III : *Le maître*, *op. cit.*, p. 95.
2. Jules BOUCHER, *La symbolique maçonnique*, *op. cit.*, p. 272.
3. *Ibid.*, p. 252.

la pièce. L'homme présent semblait bien-portant. Il était souriant, détendu, aimable. Il ne donnait aucunement l'impression d'être malade, et encore moins en « fin de vie ». Après une rapide présentation, je parlais avec lui de tout, et de rien, afin que s'établisse un contact entre deux personnes qui ne se connaissaient pas, mais qui avaient peut-être des confidences à se dire. Au beau milieu de la discussion, c'est lui qui me surprit en fixant, brusquement et d'autorité, le cadre de la discussion :

« Mon cher ami, je ne pense pas que j'achèterai de bûche de Noël cette année ! »

J'ai compris immédiatement ce qu'il voulait me dire. J'eus le souffle coupé, pourtant je ne laissai rien paraître. « Sonné » debout. Je laissai volontairement planer un silence.

Alors il poursuivit en m'expliquant que les médecins lui avaient confirmé que son cancer du poumon ne pouvait être guéri, que les thérapeutiques diverses, rayons, puis chimiothérapies, avaient toutes échoué. *Toutes.* Le mot fit comme un bruit métallique dans mes oreilles. Semblable à celui du couperet de la guillotine que l'on remonte, avant d'exécuter le condamné et qui vient d'atteindre la butée. Une « mort dans un éclair blanc », comme dit le poème de Paul Fort, mais qui s'était annoncée au préalable des années durant, comme un visiteur importun sur le seuil de la maison : d'abord, on est stupéfait par tant d'aplomb : « Quoi ? Moi ? Bientôt ? Quand ? Comment ? » ; puis vient la colère : « Pourquoi ? Pourquoi pas bien plus tard ? Pourquoi pas un autre ? Et de quel droit disposer ainsi de moi ? » ; ensuite, la négation : « Moi ? Ce n'est pas possible ! Pas moi ! Pas comme cela ! Moi ! Unique dans ma conscience d'être ! Pas question ! »; enfin vient l'acceptation. Comme un lendemain d'ivresse. En forme de « gueule de bois ». Le réveil est désagréable. Importun. C'était mieux hier. Hier… est passé. Dans l'euphorie du banquet de l'existence. Demain ? Quel demain ? Comment demain ? Il n'y a plus de demain…

B. m'expliqua calmement, en voyageur qui savait que son train allait bientôt arriver, que la fin était très proche. Depuis quelque temps, la décision avait été prise entre le patient et les médecins de ne plus poursuivre les traitements. Il voyageait alors sans billet, libre, courageux. Et il descendrait au prochain arrêt. Je me sentis brisé par l'aveu de cet homme que je ne connaissais pourtant pas. C'était surtout sa lucidité qui me touchait, ainsi que son immense bravoure. En me disant sa fin prochaine, cet homme que je devinais pourtant d'une grande force morale, avait les larmes aux yeux. Je fus soudain devant l'humanité souffrante tout entière à travers lui. Une humanité devant son destin. Les murs de la chambre avaient volé en éclats. J'étais ici et partout. Avec cet homme qui allait bientôt mourir. Avec tous ceux qui mourraient demain. J'avais devant moi le Christ, Dieu fait homme, à Gethsémani. Et je me sentais comme dans l'urgence. J'ignorais quoi répondre ! Une phrase me vint à l'esprit : « Dieu, viens à mon aide, Seigneur, à notre secours. »

Dieu seul peut contrer la mort par un plus grand bien au plan spirituel : «Les amis que nous y avions étaient trop mondains, ils savaient trop allier les joies de la terre avec le service du Bon Dieu. Ils ne pensaient pas assez à la *mort* et cependant la *mort* est venue visiter un grand nombre de personnes que j'ai connues, jeunes, riches et heureuses ! », rappelait sainte Thérèse de Lisieux[1].

Tout le mystère de la Croix, et de la Rédemption, je le rencontrai ce jour-là.

En prière avec un franc-maçon !

Un autre jour, j'entrai dans une nouvelle chambre. Un vieillard gisait, agonisant derrière un paravent, les yeux clos, entouré de sa famille aux yeux rougis. Il était mourant. La durée de sa vie restante se comptait en minutes. Il

1. Sainte Thérèse de Lisieux, *op. cit.*, p. 97.

n'y avait plus que quelques rares, et précieux, grains dans le sablier de son existence. Il s'agissait d'une chambre à deux lits et un second patient dégustait alors tranquillement son repas. Étrangeté, et contraste incroyable de la vie. L'un s'en allait vers le Père, quand l'autre s'accrochait à l'existence. Les psychanalystes diraient qu'il s'agit du résultat de la lutte entre la pulsion de vie et la pulsion de mort. La franc-maçonnerie évoquerait le combat dual entre le noir et le blanc, entre le bien et le mal. Une lutte dont résulterait la vie ! Mais tout cela est faux. Ce n'est qu'une vue de l'esprit.

Car la réalité théologique était là, devant moi, aujourd'hui : une âme s'approchait de l'instant où elle verrait Dieu en face, quand l'autre n'avait pas encore accompli son temps. Et ce temps ne nous appartient pas : « Qui d'entre vous, d'ailleurs, peut, en s'inquiétant, ajouter une seule coudée à la longueur de sa vie ? » (Mt 6,27 ; Lc 12,25). Avec la famille de l'agonisant, il fut décidé de prier. Prier pour dire la présence et la fidélité de l'amour de l'Esprit Saint. Ce corps passerait seul, mais son âme serait accompagnée.

Puis je me dirigeai vers le second lit. J'avais entendu le voisin de chambre interrompre son repas pour prier avec nous. Voyant mon nom sur mon badge, il m'expliqua qu'il avait lu un article sur mon précédent livre. Il me dévoila qu'il était franc-maçon et souhaitait me faire part de son sentiment.

« Je ne suis pas tout à fait d'accord avec vous, sur le thème de l'incompatibilité entre la franc-maçonnerie et la foi catholique, me dit-il.

– Cela n'a pas d'importance : le Seigneur nous a créés libres de nos choix. Que vous estimiez ou non que mon analyse soit fondée, l'essentiel, c'est que vous vous tourniez vers Dieu. La vérité, voyez-vous, elle est à côté de vous, dans cet autre lit.

– Je sors d'un AVC. Mais je m'en suis quasiment remis. Nous pouvons parler, ajouta-t-il.

– Alors nous en reparlerons un autre jour, si vous le souhaitez. Une âme s'en va... Cet instant est solennel. Il appartient à cet homme et à Dieu. Peu importent nos accords et nos désaccords. Ce qui compte, c'est que nous sommes tous frères. Frères en Christ, si vous le voulez-bien, ajoutai-je avec un sourire un peu espiègle.

– Vous avez raison. »

Il m'expliqua ensuite qu'il était franc-maçon depuis trente ans, au sein de la Grande Loge nationale de France, une obédience déiste, et qu'il venait de créer, avec d'autres *frères*, une loge « indépendante » à Lézignan, toujours dans la mouvance déiste de cette obédience. Ce n'était pas le moment de débattre. J'étais là pour l'accompagner et non pour le convaincre. D'ailleurs, je n'ai à convaincre personne. Car seul Jésus peut convertir les cœurs. Le Seigneur attend simplement de moi que je témoigne. Il me sembla donc inutile d'évoquer que la tendance déiste de la franc-maçonnerie se réfère avant tout au Grand Architecte de l'Univers, que la Grande Loge nationale de France présente l'avantage sur la plupart des autres obédiences maçonniques de ne pas intervenir directement dans le débat public et politique, de n'ainsi pas faire preuve d'un anticléricalisme ouvert, ni de préciser que les francs-maçons de cette obédience sont donc ceux avec lesquels un catholique a le moins de difficulté à dialoguer, même si l'inspiration chrétienne dont la GLNF se revendique est avant tout gnostique, quand le gnosticisme est considéré comme une erreur fondamentale pour un catholique. Ce n'était ni le lieu ni l'heure, même si cet homme était sympathique.

« Je n'ai pas à juger votre engagement maçonnique. Mais, pour ma part, nous sommes frères avant tout parce que l'Évangile nous dit : “Afin que vous soyez fils de votre Père qui est dans les cieux, car il fait lever son soleil sur les méchants et sur les bons, et il fait pleuvoir sur les justes et les injustes” (Mt 5, 45). Je vous ai entendu prier, il y a un instant. Accepteriez-vous que je prie pour vous ? »

L'homme acquiesça. Je m'agenouillai à son chevet, pris sa main dans les miennes et commençai à prier. Et l'homme m'accompagna ! Spectacle étrange que celui d'un franc-maçon déiste, ancien membre de la GLNF, et d'un ancien franc-maçon du Droit humain revenu à la foi qui prient ensemble, à haute voix, le *Credo*, puis le *Notre Père*, pour terminer par un *Je vous salue Marie.* Les divergences philosophiques et théologiques attendraient.

Je ne relaterai pas ici toutes les rencontres que je fais au sein du service de soins palliatifs. À chaque fois, c'est un Christ souffrant, parfois agonisant, que je rencontre.

Les yeux de tous ces patients en fin de vie, à l'heure où leur dernier souffle arrive, semblent me dire : « Mon Dieu, pourquoi m'as-tu abandonné ? » (Mt 27,46). Et précisément, alors que j'entre dans leur chambre, c'est le Christ, Dieu et Fils de Dieu, qui m'accompagne en présence du Père et de l'Esprit Saint. Moi, je ne suis rien d'autre que son serviteur. Et surtout, je suis devenu, sans le savoir vraiment, le serviteur inutile de la parabole (Lc 17,5-10). Je ne suis plus rien que celui qui appartient totalement à Dieu et ne fait que sa volonté.

Ce fut un bonheur de comprendre que je n'avais aucun mérite à faire valoir. Car le Christ, et lui seul, fait tout, accompagné de sa bienheureuse Mère toujours vierge. Je ne suis qu'un simple huissier, qui ouvre la porte de ces chambres de souffrance, de malheur et d'agonie. Ces lieux qui deviennent alors une immense Croix au pied de laquelle se tient Marie. C'est une communion mystique, qui contraste singulièrement avec l'orgueilleuse et inquiétante « quête de connaissance » proposée par la franc-maçonnerie. Je ne suis plus rien ! Rien que l'instrument docile du Seigneur, ainsi que le résume parfaitement la prière de saint François d'Assise : « Seigneur, faites de moi un instrument de votre paix. [...] que je ne cherche pas tant à être consolé qu'à consoler, à être compris qu'à comprendre, à être aimé qu'à aimer. » Plus je sers le Seigneur auprès des malades en fin de vie, plus le Grand Architecte de l'Univers m'apparaît comme une simple vue de l'esprit humain, un artefact. La vérité maçonnique est protéiforme parce qu'en réalité il n'y a aucune vérité divine en franc-maçonnerie. La vérité de foi, c'est le don de Dieu regardé par la raison : je la vis désormais dans le sang du Christ. Dans ce sang divin, répandu pour nous sauver.

Comment pouvons-nous être aussi aveuglés, pauvres pécheurs que nous sommes ? Comment ne pas tomber à genoux devant Dieu qui s'est fait homme pour notre rédemption et qui me montre désormais son visage en chaque être qui meurt ? Comment pouvons-nous avoir le cœur si endurci ?

Un pardon à donner

Je compris, un jour que j'étais à l'abbaye Sainte-Marie de Lagrasse, tout ce que la doctrine de la franc-maçonnerie peut avoir d'orgueilleux. Mon parcours initiatique, même s'il évoquait l'humilité, conduisait vers l'accès à une connaissance ésotérique qui voulait faire de moi un initié, c'est-à-dire quelqu'un de « plus avancé » dans la sagesse hermétique que la plupart des profanes, quelqu'un qui allait atteindre un tel degré de savoir occulte qu'il serait apte, et surtout digne, d'œuvrer au bonheur de l'humanité. Rien de moins ! Mais j'avais fort heureusement compris, depuis que j'étais revenu à la foi catholique, que la connaissance et l'initiation sont élitistes, même si la franc-maçonnerie s'en défend, et simplement acquises par l'homme lui-même, qui pense pouvoir, de manière fort présomptueuse, vivre libre parce que « sans le secours de dieux[1] », comme l'a dit Nietzsche. Alors qu'au contraire Dieu avait révélé sa Parole à tous, y compris, et surtout, aux plus simples, aux plus humbles : « Je te bénis, Père,

1. Isabelle WIENAND, *Signification de la mort de Dieu chez Nietzsche*, Publications universitaires européennes, Peter Lang, 2006, p. 129.

Seigneur du ciel et de la terre d'avoir caché cela aux sages et aux intelligents, et de l'avoir révélé aux tout-petits » (Lc 10,21). C'est ainsi que Notre-Seigneur allait me donner la grâce de percevoir ma faiblesse et par conséquent d'augmenter la force de ma foi. Il allait me faire comprendre que seuls la Croix et son sang répandu sur le bois pouvaient sauver les âmes. Et que c'était dans la reconnaissance de ma propre faiblesse que j'allais rencontrer l'humilité. Il allait transformer mon cœur en celui du publicain[1], alors que l'enseignement de la franc-maçonnerie l'avait rendu semblable à celui du pharisien, sûr de la pureté de son « formalisme sapientiel », et d'autant plus orgueilleux, vaniteux même, du fait de son aveuglement spirituel.

J'avais alors décidé de quelques jours de retraite à l'abbaye Sainte-Marie de Lagrasse. Je priais et je vivais au même rythme que les chanoines. Entre les nombreux offices du jour, j'allais marcher dans le parc, je lisais dans ma cellule, ou bien je passais de longs moments en oraison dans la chapelle.

J'étais donc, ce soir-là, agenouillé dans l'église, seul. L'autel était faiblement éclairé. Dehors, la nuit venait de tomber. Il devait être dix-huit heures et le ciel était sombre. Quatre bougies étaient allumées autour de la croix et du Saint Sacrement. Tout était solitude et silence.

Alors des paroles résonnèrent à la fois à mes oreilles et dans mon esprit :

« Cette Croix est plus grande que le monde ! »

Voilà donc ce que le Christ souhaitait que je comprenne ! Et comme souvent, aveugle que j'étais, il lui avait fallu s'abaisser jusqu'à moi. Je me mis à prier pour le salut des âmes, et en particulier pour les plus turpides, dont la mienne, afin qu'elles soient dans le repentir. Elles avaient été rachetées par la Croix, car seule la Croix avait le pouvoir de sauver.

---

1. Voir Lc 17,9.

Alors je répondis silencieusement à Jésus :

« Seigneur ! Oui, cette Croix est infiniment plus grande que le monde. Car toi seul es saint, toi seul es le Seigneur, le Dieu qui nous aime tant ! Pardonne-moi pour mes erreurs et mes fautes. Et pardonne aussi à tous les hommes. Quant à moi, je pardonne à tous mes ennemis. À toutes celles et tous ceux qui m'ont fait tant de mal ! Je prie pour le salut de leur âme... Pardonne-leur, Seigneur, je t'en supplie, par Marie, bienheureuse dans tous les siècles, qui pardonna à tes bourreaux. Depuis ma misère, depuis ma faiblesse, louange à toi, Seigneur Jésus, qui règnes avec le Père, dans l'unité du Saint-Esprit, pour les siècles des siècles, amen ! »

Avant de repartir, je louai le Seigneur de m'avoir accordé cette grâce. Mais, alors que je me dirigeais vers la sortie, une pensée parasite pénétra mon esprit. Un sentiment d'abomination me prit brutalement. Je songeai alors à quelqu'un qui se voulait mon ennemi, un ennemi mortel. Cet homme, franc-maçon, s'était ignominieusement acharné sur moi jusqu'à être l'un des principaux responsables de la plupart des terribles souffrances que j'avais endurées ces quelques dernières années. Aux prises avec ces sentiments d'affliction, qui commençaient à se transformer en colère, j'entendis à nouveau la voix du Christ faire écho encore plus fort en moi :

« Que fais-tu de tes prières, maintenant ? »

Je compris ce que le Seigneur voulait me dire. Je me tournai vers l'autel, m'agenouillai, et je priai pour le salut de cette personne qui avait voulu m'anéantir. Ainsi que pour le salut de toutes celles et ceux qui m'avaient fait du mal, trahi, et qui avaient également fait souffrir par conséquence ma famille. Je suppliai Marie d'intercéder auprès de son Fils bien-aimé afin qu'elle leur obtienne la miséricorde de Dieu, qu'elle m'aide à leur pardonner. Je demandai à Marie, aux anges et à tous les saints d'aider tous ces gens à comprendre à quel point j'avais souffert par leur faute. Enfin, je déposai aux pieds de notre Mère toutes mes fautes, tous mes péchés, et je lui demandai pardon pour le mal que j'aurais, moi aussi, pu faire. Je pus alors oser lever les yeux vers le Christ et demander miséricorde au Seigneur pour tous les péchés du monde.

Par l'amour de Marie et du Christ je suis arrivé à prier pour mes pires ennemis ! Et à demander pardon au Seigneur pour eux ! La grâce de Dieu a définitivement vaincu le mal. Et je crois pouvoir parler du mal. Je l'ai connu. Je l'ai vécu. Je l'ai subi. Il rôde encore autour de moi. J'évoque ici ces personnes qui vous trahissent de la pire des manières, qui s'étaient jusque-là parés des « masques rassurants » de l'amitié, parfois même de la fraternité. Des gens que vous receviez à votre domicile et qui vous invitaient chez eux, souvent, avec qui s'étaient noués de chaleureux liens amicaux, ou que vous pensiez être tels. Certains mêmes à qui vous aviez procuré un emploi bien rémunéré et un statut social, par amitié ou par fraternité. D'autres pour qui vous aviez pris de grands risques professionnels ou politiques, toujours par amitié ou par fraternité. Des gens dont vous étiez proche sur le plan humain, affectif parfois. Des amis en somme ! Et qui, l'un après l'autre, ou plutôt l'un avec l'autre, tous ensemble, vous livrent et vous abandonnent. Quand ils ne s'acharnent pas ! Enfin, qui vous tournent le dos. Pour se disculper publiquement de leur ignobles turpitudes, ils vous avaient désigné comme coupable, alors même qu'ils savaient que vous étiez innocent, alors même qu'ils portaient eux-mêmes secrètement la faute. Misère de la pauvreté humaine ! Combien je vous ai plaints, et combien j'ai prié pour vous, mes cher(e)s « ami(e)s », mes chers *frères* ou *sœurs* ! Combien ai-je également compris, alors, ce que Notre-Seigneur a enduré, lui qui n'a jamais été touché par l'idée du péché… C'est là que j'ai expérimenté la force, et le bonheur, qu'il y a dans la pauvreté : quand il ne reste plus que la prière comme recours.

Mais Dieu fait le don merveilleux de nous faire connaître la prière véritable. Celle qui se dit avec le cœur ouvert, déchiré même : « Le sacrifice à Dieu, c'est un esprit brisé; d'un cœur brisé, broyé, Dieu, tu n'as point de mépris » (Ps 51(50),19). C'est bien la prière seule qui conduit vers Dieu.

La prière chrétienne n'est pas la spiritualité franc-maçonne

Certains francs-maçons sont persuadés de pouvoir découvrir une spiritualité grâce au parcours de l'initiation maçonnique. Je témoigne qu'il s'agit d'un leurre. J'évoquais cette question avec un franc-maçon de la Grande Loge nationale de France, rencontré par hasard alors qu'il visitait la chapelle de l'hôpital. Cet homme soutenait honnêtement que la franc-maçonnerie conduit à une spiritualité. Il a convenu néanmoins qu'elle s'apparente toutefois à une spiritualité humaine. C'est-à-dire à une sorte d'intellectualité. Je lui parlais avec ferveur de la spiritualité divine : du Saint-Esprit, l'Esprit Saint dont le feu vous dévore le cœur et qui vous emporte en pleine oraison, ou bien à l'instant où on s'y attend le moins, au pied d'une statue de Marie, ou encore lorsqu'on croise le regard de celui qui meurt et qui plante ses pupilles au fond des vôtres, comme l'épée qui transperça le cœur de Marie... dans cet instant où les âmes communient!

Mes ex-*frères* et ex-*sœurs*, si vous souhaitez approcher ce qu'est la foi, lisez et étudiez le Cantique des Cantiques. Longtemps, je n'y ai rien compris! Aujourd'hui, j'y ai perçu que la foi est une histoire d'amour. Il n'est pas ici question de principe universel, d'une nature cosmique, de macrocosme et de microcosme. La foi n'est pas la résolution d'une équation ni même l'intégration philosophique d'un concept. La foi résulte d'une rencontre, d'une expérience, comprenez-vous? Et cette rencontre, se trouve dans la seule prière et dans la grâce que nous fait le Seigneur qui nous y amène...

Mais cela, la méthode maçonnique ou l'enseignement initiatique ne permettent jamais de l'atteindre :

il n'existe aucune prière en franc-maçonnerie. Aucun Esprit Saint !

« L'Esprit est à la fois le don perpétuel du Père à son Fils et l'élan perpétuel du Fils vers le Père. Notre vie spirituelle se simplifie considérablement dès que nous avons bien compris cela. Prier, c'est accueillir ce don et nous laisser emporter par cet élan[1]. »

Alors, je vous le dis, et je vous en supplie : priez donc, mes anciens *sœurs* et *frères*, et vous vivrez véritablement, c'est-à-dire « en vérité ». Il se trouve certainement, proche de chez vous, une église ou une chapelle. Mes sœurs et frères en Christ, qui étiez anciennement mes *sœurs* et *frères* en Hiram, sauriez-vous donner une demi-heure de votre vie chaque jour, afin d'aller célébrer l'Eucharistie au début ou à la fin de la journée, ou bien participer aux vêpres ou aux laudes ? Refermez donc derrière vous la porte du Temple, et si vous cherchez réellement la lumière, entrez enfin dans la maison de Dieu !

Pour cela, ouvrez donc votre cœur à notre Dieu-Adonaï dans la prière et oubliez vos cérémonies magiques ! Cessez de croire en la toute-puissance de ces rituels qui ne sont que des occultismes, et tournez enfin votre cœur blessé par Lucifer vers le Seigneur. Abandonnez votre « maîtrise », vos fonctions d'officier, et vos hauts grades, constellés de titres tout aussi pompeux que ridicules et dangereux. Montrez-vous dans votre faiblesse humaine : « Un critère de maturation humaine, favorisant la dimension spirituelle [...], serait sans doute de pouvoir reconnaître et consentir à sa propre vulnérabilité, celle-ci permettant l'ouverture à l'autre, à soi, et à l'esprit de Dieu. L'aventure de toute une vie[2]. »

1. Abbé Pierre Descouvemont, *op. cit.*, p. 419.
2. Marcel Légaut, cité par Marie-Hélène Flye Sainte-Marie, « Désir et expérience de Dieu », *Les Cahiers de la faculté de théologie*, n° 8, Faculté de théologie de Toulouse, p 49.

Conclusion

Aux francs-maçons, mais pas seulement

Je n'ai surtout pas écrit cet ouvrage dans l'objectif de stigmatiser les francs-maçons. Il m'est apparu que, mis à part une minorité de personnages troubles, un grand nombre d'entre eux sont abusés par l'idéologie de la franc-maçonnerie. Si je me livrais à une « typologie » des francs-maçons, je pourrais établir trois catégories de « filles et fils de la Veuve ».

La première est formée d'arrivistes, d'opportunistes, de carriéristes. Ce sont ceux qui recherchent des appuis professionnels, politiques.

La deuxième est celle des nostalgiques de Robespierre, qui estiment, par exemple, que le nombre de prêtres et de religieuses décapités sous la Révolution fut trop faible. Bien entendu, depuis que la peine de mort a été abolie en France, ils ne considèrent plus qu'il faille en passer par ce moyen expéditif. Leur guillotine se nomme désormais anticléricalisme, dénigrement, propagande et prosélytisme. Intégrisme laïque. À cet égard, il est troublant de considérer deux rapprochements conceptuels :

• Paradoxalement, ce sont les francs maçons qui ont œuvré pour l'abolition de la peine de mort qui, maintenant, militent pour l'euthanasie, qui n'est rien d'autre qu'un meurtre légal, fût-il paré de prétendus motifs vertueux. Le chrétien partagera bien entendu l'engagement abolitionniste : toute vie est de Dieu ! Mais il sera bien plus cohérent dans sa démarche et ne fluctuera pas au gré des évolutions « morales ». Pour lui, toute vie – celle de l'assassin, celle de l'embryon, celle du malade en fin de vie – est de Dieu ! Car sa morale est cohérente. Elle est établie par Dieu. Elle est constante et objective.

• Les francs-maçons se dénomment eux-mêmes « fils de la Veuve ». La Veuve est à la fois « Isis, personnification de la nature, mère universelle, veuve d'Osiris, le dieu invisible qui éclaire les intelligences[1] », et la guillotine, qui obscurcit l'esprit. En effet, la guillotine, outil de mort inventé par un franc-maçon sous la Révolution, est surnommée la « Veuve ». Les francs-maçons, fils de la guillotine, parce qu'enfants de la Veuve ?

Cette deuxième catégorie de francs-maçons, qui méritent nos prières, est donc majoritairement constituée de fondamentalistes de la laïcité, d'« enfants de la Veuve ».

La troisième catégorie de francs-maçons, très majoritaire, est composée de personnes cherchant sincèrement la vérité ou la spiritualité au sein de la franc-maçonnerie et à travers son enseignement ésotérique. Celle-là est entraînée par une minorité agissante et par certains dignitaires peu scrupuleux. Cela même sans en avoir la moindre conscience. Influencée par trois siècles de propagande dans les domaines historique, politique, social et religieux, cette dernière catégorie a perdu la vue, « rebelles qui ont des yeux pour voir et ne voient point, des oreilles pour entendre et n'entendent point, car c'est une engeance de rebelles » (Ez 12,2) : « Avec leurs yeux ils ne voient rien, avec leurs oreilles ils n'entendent rien » (Jr 5,21).

---

1. Oswald WIRTH, *La franc-maçonnerie rendue intelligible à ses adeptes*, t. III : *Le maître*, *op. cit.*, p. 173.

Je souhaite avertir la première catégorie : bien malgré eux, ils pourraient devenir complices de lois et d'orientations sociétales qu'ils n'auraient sans doute pas défendues, surtout s'ils s'étaient tenus à un réel discernement dans la foi.

À la deuxième catégorie, je souhaite dire qu'il est important de réfléchir à ce qu'est une véritable fraternité. Elle ne saurait être secrète ou élitiste. On ne fait pas le bonheur de l'humanité malgré elle, et en aucun cas contre Dieu ! La tolérance deviendrait dans ce cas un véritable despostisme.

À la dernière, enfin, il convient de se laisser chercher par le Seigneur. Et surtout de cesser une quête de connaissance qui les mènera inévitablement à une impasse spirituelle.

Ma *sœur*, mon *frère*, pose enfin tes décors maçonniques et « laisse-toi regarder par le Christ. Laisse-toi regarder car il t'aime ». Tu n'imagines pas le trésor de son Cœur sacré !

Dieu n'est pas un concept, contrairement au Grand Architecte de l'Univers. Dieu est une expérience à vivre. Qu'attends-tu ? Entre dans la lumière d'une église, et prie… Tout le reste te sera donné en surplus !

À tous les francs-maçons, qu'ils nous aiment ou qu'ils nous haïssent, il faut témoigner pareillement l'amour du Seigneur. Et, en tant que chrétiens, assurons-les de notre amour fraternel et sincère. Ils sont nos frères et nos sœurs. S'ils se pensent nos ennemis, nous ne sommes pas les leurs. En effet, si nous pouvons, et devons, les mettre en garde contre les graves dangers qui les guettent au sein des loges, il ne nous appartient pas de les juger, « car le Seigneur fait lever son soleil sur les méchants et sur les bons, et tomber la pluie sur les justes et les injustes. Car si vous aimez ceux qui vous aiment, quelle récompense aurez-vous ? » (Mt 5, 45-46). Et comme l'a dit notre pape François : « Qui suis-je pour juger une personne ? »

La foi

Je souhaite témoigner qu'il n'existe aucun itinéraire secret vers la foi. Dans l'initiation, on avance en partie par une « imprégnation » ésotérique, par la résonance d'une série d'actes magiques, et en partie par la raison rationaliste. Par l'influence du groupe aussi. Par soi-même, enfin. Mais toujours dans le cadre et les limites du « maçonniquement correct » implicitement fixées par les obédiences.

Au contraire, dans le chemin de la foi, j'ai fait l'expérience de Dieu. De sa présence réelle. Et de son absence. Parce que même dans son absence, Dieu est là. Car son absence n'est qu'apparente. En réalité, en vérité, « *il est* ». Sans doute même est-il d'autant plus présent qu'il semble absent. C'est pourquoi on entend mieux Dieu dans le silence absolu : non, mes anciennes *sœurs*, mes anciens *frères*, la Parole n'est pas perdue.

J'avais trouvé la démarche maçonnique longue et complexe. En revanche, j'avance dans la foi sans aucune circonvolution ésotérique : je suis entré naturellement dans un mystère. Et je ne recherche pas la clef de la « connaissance », ou du « secret ». Je m'agenouille tout simplement devant Marie ou devant le Christ… et je me laisse aimer par eux ! C'est tout.

La différence est essentielle : le secret implique une recherche compliquée, avec un objectif qui est de parvenir à la connaissance. La foi n'est qu'une humilité du cœur. C'est ce qui nous est le plus difficile. Dieu m'a appris qu'il ne joue pas aux devinettes avec ceux qui l'aiment.

Dieu ne teste pas mon degré initiatique afin de me proposer le « grade suivant ». Il me suffit de l'aimer. Et surtout de me laisser aimer de lui ! C'est cela, la foi : comprendre par la raison et le cœur quelque chose de plus grand que l'on ne voit pas.

La différence fondamentale entre la foi et l'initiation, c'est, dans cette dernière, l'homme lui-même, comme acolyte de Lucifer, qui provoque en lui un éveil à la connaissance occulte par des procédés magiques. Alors que, dans la foi, c'est l'Esprit Saint de Dieu tout-puissant qui met le feu à une étincelle et la transforme en brasier d'amour.

Cette étincelle devient un feu dévorant, qui m'a pris tout entier et qui me fait chanter des louanges au Seigneur. Pour donner une image parlante : le sentiment qui accompagne la foi est semblable à un petit matin de début d'été, en pleine mer, au lever tiède du jour. On est au large et tout est derrière nous. Toutes les souffrances du monde. Il suffit de respirer l'air marin pour être heureux. Tout nous est alors donné par surplus. Une sensation de plénitude et de certitude que la Création nous est offerte. Par Dieu. À nous tous, bons et méchants, croyants ou non, humbles ou puissants, elle est offerte en cadeau par le Créateur lui-même. Alors s'effacent d'un seul coup toutes nos bassesses, nos faiblesses, nos vicissitudes humaines. Parce que cela nous est un présent de l'amour le plus pur qui soit. Et alors, une certitude : Marie est là. La présence de Marie, bienheureuse Vierge et Mère de Dieu, agit comme lors du réveil d'un enfant dans les bras de sa mère : tout est beau, même s'il pleut ou fait froid dehors ! On pourrait en tomber à genoux, sur le pont du navire, et dire, les yeux sur la ligne d'horizon, l'*Ave Maris Stella* : « Salut, Étoile de la mer, sainte Mère de Dieu, Mère qui resta vierge, heureuse Porte du ciel. Toi qui fus saluée par l'ange Gabriel, Mère des vivants, Ève nouvelle, accorde-nous la paix. »

Le chemin initiatique fut, pour ce qui me concerne, une réflexion, une recherche sincère. En revanche, la foi est un état, un don de Dieu au plus profond de mon âme. C'est un endroit où l'enfer lui-même, malgré la volonté constante de puissance de Satan, ne peut jamais pénétrer. Et s'il rôde autour, parfois, en y semant le doute, faisant comme une première brèche afin d'y installer sa misère, alors Dieu fait une foi plus forte encore.

Et toutes les actions du diable n'aboutissent, par la grâce de Dieu, et l'amour bienveillant de la Vierge Marie, qu'à éprouver et purifier la foi. Je ne cesse de renvoyer

Satan en enfer par une simple prière : « Seigneur, je t'appartiens, et je t'aime, par l'intercession de Marie, bienheureuse Reine du ciel ! Nous sommes tous à toi, Marie. "*Totus tuus Maria, gracia plena...*" »

Afin, mes ex-*sœurs* et mes ex-*frères*, que vous compreniez mieux ce qu'est la foi, vous qui n'avez que des croyances : vous n'imaginez pas ce que l'on me fait vivre au quotidien ! Et la duplicité, la malveillance, contre lesquelles je lutte chaque jour ! Ma vie matérielle est devenue très difficile. Sans compter toutes sortes de graves problèmes dont je ne peux parler dans le présent ouvrage...

Pourtant, je n'ai nulle haine. Je plains ceux qui me persécutent et je prie pour eux. Pour le salut de leur âme. Il n'est pourtant pas simple de poser sincèrement sa colère bien humaine aux pieds du Seigneur et de prier pour les méchants ! On n'apprend pas cela dans les loges, mais dans le Sacré-Cœur de Jésus, transpercé par amour pour nous. La foi est cette assurance que Dieu transforme tous ces revers en bénédiction. La prière est un bonheur car le Seigneur est là, présent à mes côtés. Je suis heureux. Ou plutôt, malgré les troubles et les difficultés de la vie qui m'atteignent, mon âme est heureuse. Combien étais-tu comblée de grâce, Marie ! Toi qui disais : « Exulte mon esprit en Dieu, mon Sauveur ! » (Lc 1,47). Cela est incompréhensible pour toute personne qui n'a pas la foi. Mais moi, je pense à saint Paul : « Nous ne perdons pas courage, et même si l'homme extérieur va à sa ruine, l'homme intérieur se renouvelle de jour en jour. Car notre détresse du moment présent est légère par rapport au poids vraiment incomparable de gloire éternelle qu'elle produit pour nous. Et notre regard ne s'attache pas à ce qu'elle produit pour nous. Et notre regard ne s'attache pas à ce qui se voit, mais à ce qui ne se voit pas ; ce qui se voit est provisoire, mais ce qui ne se voit pas est éternel » (2Co 4,16-18).

J'ai trouvé le chemin du Christ. Comme le psalmiste, je dis à mon Dieu : « Des princes me persécutent sans cause.

Mais mon cœur ne tremble qu'à tes paroles. Je me réjouis de ta parole, comme celui qui trouve un grand butin » (Ps 119(118),161-162).

Seule la foi peut nous faire dire de telles paroles et sainte Thérèse d'Avila est dans la parfaite vérité : « *Dios solo basta* », « Dieu seul suffit ».

Épilogue

Vendredi 6 novembre 2015. C'est la fin de l'après-midi. J'ai prié longuement hier soir, vers 3 heures, au milieu des ténèbres. Prié pour le salut des âmes. Celles des francs-maçons, celles de tous les autres. La nuit est derrière moi. Je travaille au manuscrit du présent ouvrage. Il est 17 h 13. La sonnerie de mon téléphone retentit soudain.

Anne-Marie est à l'appareil :

« Bonjour, Serge. Je viens d'avoir un appel. La famille d'une dame que tu visites en soins palliatifs. Chambre numéro X. Elle est en train de partir. Son fils est à ses côtés et il souhaite si possible que des prières accompagnent le départ de sa mère. Quant à moi, je suis à la maison d'accueil des personnes âgées et trop loin pour m'y rendre. Peux-tu t'en occuper ?

– Je suis chez moi. Mais le temps de démarrer mon véhicule, j'y serai dans un peu plus de quinze minutes, si on tient compte de la distance. Tu peux prévenir la famille. Le temps de me garer en ville, de passer par l'aumônerie ouvrir la chapelle et prendre mon livre de prière, je serai dans la chambre entre 17 h 30 et 17 h 40. »

Une petite dizaine de minutes plus tard, me voici sur la route. Si ce n'étaient les limitations de vitesse, je roulerais, c'est le cas de le dire, à tombeau ouvert. Peu de temps après, j'entre dans une chambre que j'ai déjà visitée mardi dernier : un drap est tendu devant le lit de la mourante. La voisine de la personne que je viens voir pour l'ultime fois a été placée provisoirement dans une autre chambre. Un homme d'âge mûr est assis. Il tient dans sa main une autre main, inerte et froide. Je me présente. Par politesse. Car j'ai vu qu'il a bien compris, à ma bible et à mon recueil de prière, pourquoi je suis là. Son visage est baigné de larmes. Des larmes de souffrance. La souffrance d'une déchirure. Une allure de quinquagénaire robuste et rocailleux, presque rugueux en apparence. Mais un rocher d'où jaillit l'eau d'une source de larmes.

Dans un sanglot, il me dit :

« Elle vient juste de partir. À l'instant. »

Cette petite vieille, dont l'âme s'en va, était sa mère. Deux mots de tendresse, qui sont soudain devenus si lourds : *sa mère*! J'entends encore les paroles chantées par Phil Collins : « Comment puis-je te laisser t'en aller ainsi? Simplement te laisser partir, sans laisser la moindre trace. Quand je suis là, respirant chaque souffle avec toi[1]... »

J'ouvre ma bible sur le Psaume 23 : « L'Éternel est mon berger, rien ne me manque... » Je prie un certain temps et je recommande l'âme de P. au Seigneur. Lorsque j'ai terminé l'ensemble des prières, un silence s'installe. Alors que je m'apprête à lui dire quelques paroles avant de le quitter, le fils élève soudain un chant à Marie. J'en reste véritablement bouche bée. Mes lèvres ouvertes sur des mots qui n'ont pas eu le temps de sortir et que l'émotion retient, maintenant, dans mon esprit. C'est totalement inattendu. Surréaliste même, dans cette chambre d'hôpital qui sent maintenant la mort et la désolation.

L'*Ave Maria* de Schubert! Certes, cet homme cherche la bonne tonalité, entre deux sanglots. La mélodie est totalement « sinusoïdale », chevrotante... Mais c'est une

1. Phil COLLINS, *Against all odds.*

voix parfaitement juste dans le cœur, et dans la foi, parce que totalement brisée. La plainte douloureuse de celui qui souffre devant la mort de l'être cher, adressée à celle qui a déjà connu l'agonie de son Fils sur la Croix : *Marie, je te salue dans ma souffrance. Marie, je te salue dans ta souffrance. Nos souffrances…*

Je n'ai jamais entendu un chant aussi beau ! Claude Nougaro avait raison : « Les chants les plus beaux sont les chants les plus désespérés. » Bien évidemment, comme chaque fois lors d'un chant ou une prière à Marie, des larmes viennent à mes yeux. Et coulent sur mes joues. Mais cette fois s'y mêlent de l'émotion, de la tendresse, de la douleur, de la tristesse, de l'espérance, en un mot : de la compassion.

Je pose ma main sur l'épaule de cet homme, qui ressemble à la fois à Jean et à Marie, au pied de la croix, et prends congé. Totalement bouleversé je descends à la chapelle et je m'agenouille en prière devant Marie.

À l'instant où je me relève et décide de partir, un homme et son fils entrent. Nous parlons de la beauté de la chapelle Saint-Roch. Et ensuite de la foi.

« La foi, ici, dans cette région, a pris un peu de recul, à cause de l'influence cathare, me dit cet homme, qui vient de m'expliquer qu'il travaille à l'hôpital.

– De la doctrine cathare, en effet. J'ai même connu dans certains milieux ésotériques des personnes qui tentent de la maintenir. Et il y a une autre cause, savez-vous, qui fait obstacle à la foi catholique : la franc-maçonnerie », lui dis-je.

Ses yeux expriment une lueur étrange. Il semble gêné. Je devine pourquoi. Alors j'ajoute, afin de le mettre à l'aise :

« J'en parle en connaissance de cause : j'ai été franc-maçon très longtemps avant de retrouver la foi ! Et quand on sait le pourcentage de francs-maçons à Narbonne… »

Il m'interrompt, à cause des mots qui se précipitent et doivent être dits à celui à qui l'on donne sa confiance spontanément :

« Moi, je le suis toujours. Je fais partie de la Grande Loge nationale de France », me répond-il, de manière naturelle et sur un ton aimable.

Je poursuis la conversation tout en adressant, en esprit, une prière au Seigneur : « Mon Dieu, cet homme a l'air d'un honnête homme ! Je vous en supplie, sauvez son âme, et ouvrez ses yeux. »

Nous échangeons quelques points de vue sur la question de l'incompatibilité. La discussion est cordiale. J'entends ses arguments, et il comprend également les miens. Manifestement, l'homme est ouvert à la discussion. J'ai toujours trouvé qu'il était plus simple de parler de la foi et de l'Église avec des francs-maçons de la GLNF, qui ne sont pas farouchement anticléricaux et ne s'occupent pas de « maçonnerie politique », même si l'occultisme et la foi ne font pas bon ménage.

Mon interlocuteur fait partie de cette catégorie de francs-maçons qui cherchent sincèrement l'Esprit. Mon Dieu, soyez loué si l'Esprit Saint pouvait toucher son cœur ! Nous demeurons ainsi à deviser en toute honnêteté et sincérité. Ce franc-maçon me donne l'impression d'être une âme droite. Une âme qui cherche avec pureté le chemin de Dieu.

Je prends congé en lui citant mon expérience :

« Cher frère en Christ, je vois bien que vous cherchez Dieu, vous aussi. Mais même si je vous souhaite de tout cœur de trouver le chemin qui vous conviendra, je peux vous dire que vous ne trouverez jamais Dieu en loge. Je respecte néanmoins votre engagement. Et s'il vous convient, c'est votre libre choix. Mais vous verrez : il mène à une impasse ! »

Oui, il existe des francs-maçons sincères et nous devons leur parler !

Ce soir-là, Dieu m'a permis d'accompagner une âme qui partait le rejoindre, et de parler à une autre qui le cherche sans doute. Je prie afin que ce franc-maçon et bien d'autres ouvrent leurs yeux et leur cœur sur la réalité de la doctrine maçonnique et prennent le chemin que nous enseigne le Christ. Qu'ils oublient le Grand Architecte de l'Univers, le Pavé mosaïque, la Chaîne d'union, Tubal-Caïn, les rituels, les tenues, l'hermétisme, l'alchimie, la numérologie, le spiritisme, les tarots, la magie et l'occultisme, ou même la gnose. Ils n'ont pas besoin de ces chemins qui sentent le soufre et qui sont des sentiers de séduction, de division et, en fin de compte, de perdition.

Quant à moi, ma conclusion demeure inchangée : « *Dios solo basta !* »

Alléluia !

Annexe

Organisation symbolique des grades du Rite écossais ancien et accepté

Loges bleues

Ateliers symboliques : maçonnerie bleue

1er degré : Apprenti
2e degré : Compagnon
3e degré : Maître

Hauts grades

Ateliers de perfection : maçonnerie verte

4e degré : Maître secret
5e degré : Maître parfait
6e degré : Secrétaire intime
7e degré : Prévôt et Juge
8e degré : Intendant des bâtiments
9e degré : Maître élu des neuf
10e degré : Illustre Élu des quinze
11e degré : Sublime Chevalier élu
12e degré : Grand Maître Architecte
13e degré : Chevalier de royale arche
14e degré : Grand Élu de la voûte sacrée (ou Sublime Maçon)

Ateliers rouges (ou chapitres) : maçonnerie rouge

15e degré : Chevalier d'Orient
16e degré : Prince de Jérusalem
17e degré : Chevalier d'Orient et d'Occident
18e degré : Chevalier Rose-Croix

Ateliers philosophiques (ou Aréopages) : maçonnerie noire

19e degré : Grand Pontife (ou Sublime Écossais)
20e degré : Souverain Prince (ou Maître ad vitam)
21e degré : Noachite
22e degré : Chevalier de royale hache (ou Prince du Liban)
23e degré : Chef du tabernacle
24e degré : Prince du tabernacle
25e degré : Chevalier du serpent d'airain
26e degré : Écossais trinitaire (ou Prince de merci)
27e degré : Grand Commandeur du Temple (ou Souverain Commandeur du temple de Jérusalem)
28e degré : Chevalier du Soleil, Prince adepte
29e degré : Grand Écossais de Saint-André d'Écosse
30e degré : Chevalier Kadosh, Chevalier de l'aigle blanc et noir

Grades administratifs : maçonnerie blanche

31e degré : Grand Inspecteur Inquisiteur Commandeur
32e degré : Sublime Prince du royal secret
33e degré : Souverain Grand Inspecteur général

Bibliographie

ANTONY Bernard, *Vérités sur la franc-maçonnerie. De la subversion des loges à la république des initiés*, Godefroy de Bouillon, 2008.

APULÉE, *Le démon de Socrate*, Rivage Poche / Petite Bibliothèque, 1993.

BAMONTE Francesco, *La Vierge Marie et le diable dans les exorcismes*, éd. Bénédictines, 2012.

BAUDELAIRE Charles, *Le spleen de Paris : Petits poèmes en prose*, 1869.

BEHAEGHEL Julien, *Le maître franc-maçon et la mort symbolique*, La Maison de vie, 2005.

BERNANOS Georges, *L'imposture*, Plon, 1927 (rééd. : Le Castor Astral, 2010).

BOUCHER Jules, *La symbolique maçonnique*, Dervy, 1988.

BREMOND Louis, *Pour triompher des embûches du démon*, éd. Saint-Jean - Librairie chrétienne, 2007.

CAILLET Maurice, *J'étais franc-maçon*, Salvator, Paris, 2009.

CAZI Émeline, CHEMAIN Ariane, « Affaire du Carlton : ce que révèlent les PV de garde à vue de DSK », *lemonde.fr*, 28 mars 2012.

DACHEZ Roger, BAUER Alain, *La franc-maçonnerie*, Presses universitaires de France, 2013.

DANGLE Pierre, *Le livre de l'apprenti*, La Maison de vie, 2001.

DAUGE Yves-Albert, *L'ésotérisme, pour quoi faire ?*, Dervy, 1998.

DESCOUVEMONT Pierre, *Guide des difficultés de la foi catholique*, Cerf, 2009.

DOINEL Jules, *Lucifer démasqué*, Barruel.

GOETHE, *Le Serpent vert*, traduit et commenté par Oswald WIRTH, Dervy, 1935.

HUBAUT Michel, *Accueillir la Parole de Dieu avec saint François d'Assise*, éd. Franciscaines, 2007.

JEAN-BAPTISTE (père), « Tactiques du Diable et divine guérison chez saint Thomas d'Aquin », Mémoire de DEA, ISTA, septembre 2014.

JEAN-PAUL II, Lettre encyclique *Fides et Ratio* (14 septembre 1998), Téqui, 1998.

LACOURT Jacques, *Délivre-nous du mal*, éd de l'Emmanuel, 2003.

DE LASSUS Arnaud, *Connaissance élémentaire de la franc-maçonnerie*, Action familiale et scolaire, 1985.

LÉON XIII, Lettre encyclique *Humanum Genus* (20 avril 1884), Téqui, 2007.

LÉVI Éliphas, *Secrets de la magie*, Robert Laffont, 2000.

MAXENCE Jean-Luc, *L'Égrégore, l'énergie psychique collective*, Dervy, 2003.

MEURIN Léon (Mgr), *La franc-maçonnerie, synagogue de Satan*, Victor Retaux, 1893.

ONOFRIO Jean, *La Chaîne d'union*, La Maison de vie, 2006.

PIKE Albert, *Morals and Dogma of Free Masonry*, vol. VI.

PLATON, *Apologie de Socrate*, traduction de Luc BRISSON, GF Flammarion, 1997.

PLUTARQUE, « Le démon de Socrate », *Œuvres morales*, t. VIII, Traités 42-45, Les Belles Lettres, 1980.

POIRIER Christian, *Guérison et combat spirituel*, Salvator, 2011.

SANFO Valery, *Le monde secret des tarots*, De Vecchi, 2007.

DE TANOÜARN Guillaume, *Une histoire du mal*, Via Romana, 2013.

THÉRÈSE DE LISIEUX (sainte), *Histoire d'une âme*, Presses de la Renaissance, 2005.

VERLINDE Joseph-Marie, *Quand le voile se déchire*, Saint-Paul, 2002.

VIGNEAU Alain, *La loge maçonnique*, éd. du Trident, 2011.

WIENAND Isabelle, *Signification de la mort de Dieu chez Nietzsche*, Publications universitaires européennes, Peter Lang, 2006.

WIRTH Oswald, *La franc-maçonnerie rendue intelligible à ses adeptes*, t. I : *L'apprenti*, Dervy, 2003 ; t. II : *Le compagnon*, Dervy, 1977 ; t. III : *Le maître*, Dervy, 1994.

ID., *Le symbolisme occulte de la franc-maçonnerie*, Dervy, 1993.

ZANOTTI-SORKINE Michel-Marie, *Croire*, Artège, 2012.

Table des matières

Photo de couverture :
Temple maçonnique
Grande Loge féminine de France (Paris)

Conception graphique : Nicolas PINET

Achevé d'imprimer en octobre 2016
sur les presses de l'imprimerie Laballery (Clamecy)
N° imprimeur : 609367

Imprimé en France

Dépôt légal : octobre 2016